Pérdida de un padre

El dolor de los adultos cuando los padres mueren

Theresa Jackson

Publicado por primera vez en agosto de 2014.
Reimpreso en 2016 y 2017.
Traducido al español por Juan Ramirez en 2021.
Derechos de autor © 2017 Theresa Jackson
Reservados todos los derechos.

ISBN: 978-1-913985-05-9
Busy Bee Media, London

Manténgase al día con los últimos libros, ofertas
especiales y contenido exclusivo de Theresa
Jackson registrándose en nuestro boletín o
siguiéndola en Goodreads.

theresa-jackson.com
theresa.jackson.books@gmail.com

DEDICATORIA

Este libro está dedicado a mi difunto padre, Simon, que nunca dejaba de levantarme cuando me caía o de venir corriendo cuando me pasaba algo. Espero que, dondequiera que esté ahora, se sienta orgulloso de mí, como yo lo estaba de él. Uno de mis mejores recuerdos es cuando me llevó a la residencia universitaria por primera vez, y de todos los padres que estaban allí, él era el único que se reía, bromeaba y se mostraba amable con todos. Nunca me he sentido tan orgullosa. Esto es para ti, papá, por tu tierno corazón y uno de los mejores sentidos del humor que he conocido.

AGRADECIMIENTOS

Me gustaría agradecer a mi familia por unirse en un momento de inmensa dolencia y confusión para todos nosotros.

En particular, a mi madre, que, a pesar de haber estado divorciada de mi padre durante más de diez años en el momento de su fallecimiento, ayudó a sus tres hijos a superar la pérdida y el posterior caos de sus vidas. Éramos adultos jóvenes, empujados a una casa que se parecía levemente a una cápsula del tiempo de personas acumuladoras, expulsados de nuestras vidas y teniendo que sacar el máximo provecho de ella. Las tensiones aumentaron a veces, pero al final las desenredábamos. Mamá llegaba con bolsas de víveres o nos llevaba comida para ofrecer un respiro de la pesada tarea de limpiar y renovar durante las largas semanas que siguieron.

PRÓLOGO

Este libro está dividido en tres secciones, la primera analiza cómo el duelo te afecta a ti, a tus emociones y a tu cuerpo, y ofrece los consejos de expertos y de los afectados personalmente por el duelo. He incluido mi propio relato de lo que pasé cuando perdí a mi padre, y el de muchos otros, para ayudarte a poner tus propias experiencias en contexto y ver que no estás solo.

El duelo es difícil y si nunca lo has experimentado antes, puede ser inesperadamente devastador y desconcertante. Para mí fue como si hubiera salido de mi mundo, no pudiera tener perspectiva o ver el camino de regreso.

La segunda sección analiza diversas circunstancias que pueden afectar la experiencia de una pérdida, mientras que la tercera considera cómo ésta puede afectar a toda la familia.

La sección final analiza la recuperación y consta de ejercicios guiados. Estos pueden ayudarte a procesar tus emociones de manera saludable, mantener vivos los recuerdos y mejorar tu bienestar y felicidad.

No hay un "botón mágico de curación", por lo que estos ejercicios no curarán tu dolor, pero pueden ayudarte a comprender y procesar lo que estás sintiendo para que puedas avanzar, lentamente, y minimizar el riesgo de un problema complicado o "atascado", patrón de duelo, que te impide aceptar su pérdida. Entonces, sin más preámbulos, comencemos.

CONTENIDO

Introducción

Perdí a mi padre a finales de 2007, de un infarto. Dieciocho meses antes había sufrido un derrame cerebral debilitante que lo dejó como un vegetal virtual en una cama. Lenta y laboriosamente había luchado por recuperarse y estaba inmensamente feliz de estar vivo. Había llegado al punto de poder vivir una vida feliz y móvil, solo para perderse inesperadamente.

Pero, así como así, se fue. El hecho de que nunca podría volver a verlo o hablar con él, incluso solo para decirle adiós era algo a lo que no me quería enfrentar.

Aunque no puedo conocer tus circunstancias personales, o adónde te llevará tu viaje emocional, puedo comenzar diciendo que siento tu pérdida. Lamento que te encuentres en el club más horrible al que nadie quiere unirse. Y puedo asegurarte de que no estás solo en lo que estás pasando.

Se estima que aproximadamente el 10% de las personas que experimentan la pena por perder un padre desarrollarán un duelo complicado o prolongado, por lo que no pueden procesar la pena adecuadamente (lo que puede tener repercusiones posteriores) o se estancan en un estado de sufrimiento e incapaz de volver a la vida normal.

En este caso, el asesoramiento profesional, los grupos de apoyo y los ejercicios prácticos, como los ejercicios guiados que trabajaremos más adelante, pueden ser muy eficaces para ayudar a procesar el dolor. En caso de duda, busca asesoramiento profesional o llama a un servicio gratuito de apoyo para obtener asesoramiento. Los detalles de varios de estos servicios se discutirán hacia el final de la sección final.

Es importante que, al experimentar la pérdida de un padre, debas tratarte con amabilidad. Con demasiada frecuencia, las personas descuidan sus propias necesidades emocionales al querer satisfacer las demandas de la vida cotidiana. Encontrar algo de tiempo para ti mismo para procesar tu dolor puede ser de gran ayuda. Tu perspectiva sobre la vida, la mortalidad y la vulnerabilidad humana puede sentirse como si hubieran cambiado radicalmente. No llegarás a comprender completamente otra nueva visión de la vida hasta que hayas pasado la pena.

Esta actitud amable y gentil también se aplica al resto de tu familia. Puede resultar útil reconocer que otras personas afrontarán la pérdida a su manera. Puedes llegar a perdonarte a ti mismo por cualquier pensamiento, sentimiento o reacción no deseada. También intentar perdonar a los miembros de tu familia por cualquier comportamiento extraño que no se ajuste a tu propia visión personal de cómo llorar o comportarse.

Sección 1

Dolor y emociones por tu padre perdido

Es mejor evitar tomar decisiones que alteren tu vida o cambios drásticos en tus demás relaciones, ya que es probable que cambies tu claridad de pensamiento y puedas lamentar los cambios que hagas cuando tu estado de ánimo vuelva a la normalidad más adelante.

Un día puedes pensar que todo va bien, ha salido el sol y has encontrado el camino de regreso a como solías ser. Al siguiente, puedes sentirte completamente perdido y peor que nunca. Esto realmente puede llevar a la sensación de que no estás progresando en absoluto. Cuando no puedas ver cuánto lejos debes ir, pregúntate cómo pasarás los momentos más sombríos y si llegarás allí.

Habiendo dicho eso, debo decirte que llegar a tu destino, donde haces las paces con tu pérdida, no se trata de "superarlo", sino más de acostumbrarte a la idea de que se ha ido. La tristeza seguirá ahí, pero en un lugar más manejable, y podrás controlar mejor tus emociones cuando visites los recuerdos dolorosos o felices de tu ser querido.

Han pasado ocho años desde que murió mi padre, y si pienso en él, todavía puedo sentir que fue ayer. La conmoción de la pérdida crea un estado mental que siempre será fácil de recordar y algo que nunca te dejará. Pero personalmente, me alegro por eso, porque es parte de mi relación continua con él.

Desafortunadamente, no es posible decir cuánto durará el viaje, porque cada persona y cada circunstancia son diferentes, pero hay ciertas etapas por las que pasa la mayoría de las personas en los años posteriores a una pérdida significativa. Armarse con el conocimiento sobre cuáles son estas etapas realmente puede ayudar a identificarlas en uno mismo, y a darnos cuenta de que, aunque lo que se está experimentando no se sienta como un progreso, te estás recuperando y quizás acabas de pasar a una nueva etapa en el proceso.

Examinaremos algunas etapas de aflicción que se experimentan comúnmente, reconociendo que estas etapas pueden aparecer y desaparecer, o nunca llegar, y que todos tienen una experiencia única.

El impacto de una muerte inesperada puede traer pensamientos y sentimientos diferentes en comparación con una muerte después de una enfermedad prolongada, que es el escenario más común cuando los hijos adultos pierden a un padre. No es raro experimentar emociones mezcladas y confusas, como vemos en las experiencias de los demás.

Veremos historias de personas que han llegado a un acuerdo con su propia mortalidad, después de perder una parte tan importante de quiénes son, y cómo el dolor puede complicarse con relaciones difíciles, arrepentimientos y cosas que no se dicen.

El ciclo del duelo

Cuando un padre muere, la cantidad de tiempo que tarda el dolor, su intensidad y dificultad para aceptar su muerte pueden depender de muchas cosas. La relación experimentada con los padres, la forma en que murieron, la personalidad y etapa de la vida del niño pueden ser factores.

Si tu relación con tus padres fue feliz, si no se dijeron cosas, si hubo conflictos, malentendidos o abusos, la posibilidad de resolver el problema en vida, lamentablemente, desapareció. Ya no se ve afectado directamente por tus padres, ya sea positiva o negativamente. La pena implica que estas realidades se hagan factibles y se busque una manera de encontrar la paz y la resolución en la mente y el espíritu.

Además de esto, una persona que en algún momento de nuestras vidas pareció inmortal e infalible se ha vuelto mortal y vulnerable. Como resultado, podemos sentir soledad y una sensación de vulnerabilidad nosotros mismos. ¿Cómo podemos sentirnos seguros en la vida si tenemos tan poco control sobre asuntos tan importantes? Esto puede ser muy difícil de asimilar.

A veces se piensa que la pena es normal en esta etapa predecible, y algunas personas esperan que una persona en luto pueda fluir de una etapa a la siguiente.

Este no es realmente el caso, ya que este dolor es un viaje emocional altamente personalizado, con pasos hacia adelante y hacia atrás, que contiene una amplia mezcla de emociones y etapas. Pueden ocurrir en cualquier orden o no ocurrir en absoluto, y como se verá en la variedad de historias que leerás, no siguen un cronograma ni ninguna regla que te gustaría que siguieran.

A pesar de esto, puede ser útil saber lo que puedes esperar experimentar en tu viaje. Se cree que hay de 5 a 7 etapas comunes de duelo.

No entraremos en gran cantidad de detalles en cada una de estas etapas, ya que este libro se enfoca más en las historias y experiencias de otros que podrían aportarte contexto para tus propios sentimientos, así como también ejercicios prácticos para que los hagas y que podrían ayudarte en lugar de mirar los aspectos teóricos. Pero aún es bueno saber y tener una idea básica de cuáles podrían ser las diferentes etapas.

La primera etapa de "Conmoción, negación o aislamiento" es más común en quienes experimentan una muerte inesperada. Inmediatamente después de la muerte, son comunes los sentimientos de parálisis y soledad. Analizamos más las reacciones iniciales más adelante en la sección "inmediatamente después de una muerte".

En mi caso, las actividades continuaron con normalidad durante la primera semana, como si nada hubiera cambiado, y sólo había una extraña sensación de que algo grande se había movido bajo mis pies. Hablé con mis amigos y colegas como de costumbre y no les dije nada a la mayoría de ellos sobre lo que había sucedido. Para otras personas, el impacto inicial puede ser una experiencia increíblemente dolorosa.

Entonces puede llegar **un segundo estado de ira, anhelo y negociación,** en el que se puede sentir una enorme sensación de pérdida y que se haría cualquier cosa para detenerla, arreglar las cosas o no enfrentarse a la realidad. Encontré esta etapa particularmente confusa, como si una niebla se hubiera apoderado de mi cerebro, todos tenían algo que yo quería (un papá) y no era justo en absoluto.

Los detalles de la vida en el futuro y cómo cambiarán las cosas comienzan a ocurrirte, y para mí estos desencadenaron sentimientos de rechazo hacia el cambio. Desafortunadamente, no tenía control sobre el cambio y tuve que aceptarlo de todos modos. Darme cuenta de que no hay nada que puedas hacer me llevó a la siguiente etapa, un terrible sentimiento de desesperanza y falta de control sobre la vida en general.

La depresión y la desesperación pueden seguir a medida que la enormidad de la pérdida se apodera de ti, el mundo es sombrío y te das cuenta de que nada volverá a ser igual. La vida parece frágil y delicada y como si pudiera desmoronarse en cualquier momento.

Esta etapa puede durar más de lo que algunas personas creen, ya que después de un tiempo puede parecer que funciona normalmente para el mundo exterior, pero en el interior, nada parece importar. Para mí, la trivialidad de las conversaciones sociales se volvió tan abrumadora que me aparté de la mayoría de mis amigos y tuve que obligarme a ser "divertida" cuando lo que realmente tenía ganas de hacer era no tener nada que ver con nadie.

Finalmente llega la esperanza, la aceptación y la reorganización. En este punto, siempre que no existan circunstancias complicadas que lo impidan las cosas empiezan a ponerse un poco mejor. Encuentras formas de superar tus sentimientos difíciles y finalmente llegan las soluciones.

Entonces puede seguir un sentimiento de aceptación, y resultar bastante reconfortante. Los sentimientos negativos dan paso a recuerdos positivos y un sentimiento de que estás más en paz con tu pérdida.

Inmediatamente después de una pérdida

Regresemos y veamos lo que sucede inmediatamente después de una muerte.

Primero escucharemos la historia de Charlotte.
Charlotte lamentablemente perdió a su madre a causa del cáncer a la una de la madrugada de la

víspera de Navidad y recordó el dolor inesperado que sintió. Recuerda todos los detalles exactamente, e incluso lo sintió antes de que se lo dijeran.

Para ella, recuerda un dolor tan insoportable e inaguantable que se encontró aullando "como un animal" y sintió ganas de arrojarse debajo de un coche para liberarse de su sufrimiento. El mismo día lo pasó luchando con formalidades, como el papeleo, certificados de defunción y directores de funerarias, todo lo cual parecía completamente inapropiado en un momento en que ella estaba sufriendo tanto.

A su alrededor, la gente estaba haciendo sus compras navideñas mientras Charlotte se sentaba incrédula, con el mismo pensamiento repitiéndose y repitiéndose en su cabeza. Su madre acababa de morir. Lloró sin vergüenza en un café mientras esperaba a recoger el certificado de defunción del Ayuntamiento.

Les dijo a todos los que escuchaban que su madre acababa de morir de cáncer y escuchó las historias de una mujer cuya hija también acababa de morir de cáncer hacía dos meses. Se sentía como si se hubiera unido a un club en el que nunca quiso estar. La mente de Charlotte corría constantemente con recuerdos que formaban infinitas imágenes en su mente.

Cuando comparo la historia de Charlotte con la mía, me siento tremendamente culpable. No recuerdo haber recibido la noticia de que mi padre había muerto, parece haber sido bloqueado de mi mente casi por completo.

Creo que pudo haber sido mi madre quien me lo dijo, aunque en ese momento estaban divorciados desde varios años. Recuerdo que estaba en casa, en mi nuevo apartamento en Corea del Sur, donde estaba enseñando inglés, y que, a mi alrededor, mi mundo cuidadosamente construido se detuvo, esperando hasta que exhalara y dejara que se desmoronara.

Había muerto mientras estaba de vacaciones con su novia, Gertrude, en Bélgica de un ataque al corazón, como mencioné anteriormente. Como saben, esto siguió a un año y medio de recuperación lenta de un derrame cerebral devastador que lo había dejado completamente incapacitado para moverse.

Lentamente había luchado para volver de un estado de infancia, sin poder reconocer a nadie, a mover un brazo, una pierna, sentarse, dar vueltas y finalmente el día jubiloso en que podía caminar. Su elocuencia anterior se perdió y fue reemplazada por una confusa ensalada de frutas de palabras, pero con su antiguo encanto aún sobrante. Puede haber parecido "un breve sándwich en un picnic", como decimos en Inglaterra, pero tenía suficiente de su ingenio para encantar sin esfuerzo a las enfermeras para un baile o dos con su desarmadora y adorable travesura. Tenía solo 53 años cuando murió.

Noté como si se estuviera produciendo un cambio fundamental dentro de mí. Un padre que estuvo presente durante mi educación lo sentía como una parte tan fundamental de mi identidad y fue como que "todo cambió" silenciosamente en un instante.

En el corto tiempo transcurrido entre su muerte y el funeral, todo lo que sentí fue entumecimiento y conmoción. A pesar de esto, recuerdo haber continuado como si no hubiera cambiado mucho, pero necesitaba compañía constante, y cuando estaba sola dormía continuamente. Otras personas han dicho que sentían todo lo contrario. Necesitaban estar solos o tenían una energía extraña que les impedía relajarse o no poder hacer nada.

Los días posteriores a la muerte de papá me sentí como si estuviera atrapado en una extraña especie de limbo administrativo, donde los himnos, oraciones y poemas de repente importaban. Ataúd de madera, lo forros del ataúd, elegir una fotografía de recuerdo, flores, zapatos negros, vestidos negros. Todo de repente importante. Todo tan insignificante para mí y tan significativo para otros miembros de la familia. Fue tan surrealista.

Estos dos ejemplos muestran cuán diferentes pueden experimentar las personas entrar en estado de shock. Mi reacción fue un entumecimiento, donde mi mente solo me permitió comenzar a procesar mis emociones más profundas cuando estaba a salvo, y la reacción de

Charlotte fue un dolor brutalmente punzante y con toda su fuerza.

Una de las principales características de la conmoción es que las reacciones al trauma emocional pueden ser diferentes a las esperadas. No esperes reaccionar como te gustaría y no apliques estas expectativas a otras personas. Honra tu trayecto y confía en que, si te sientes insensible, la conmoción lo superará.

Durante la etapa de conmoción y negación, algunas personas sienten una intensa urgencia por "seguir con la vida" y ocuparse hasta el punto de distraerse.

Otras reacciones de choque incluyen sentirse agitado y nervioso, aburrirse de conversaciones triviales, distraerse u olvidar cosas. No es raro tener sueños muy reales en los días inmediatamente posteriores a la muerte, como sueños de despedida o sueños sobre la muerte o morir. También es común no poder dormir en absoluto.

Puedes sentir que estás listo para darte la vuelta y renunciar a todo o, alternativamente, listo para arrancarle la cabeza a alguien.

Algunos golpes pueden durar algún tiempo y convertirse en una mancha borrosa. Y aunque pueda parecer que lo abarca todo, no durará para siempre.

Si experimentas una reacción de choque "insensible" como la mía, es posible que te sientas capaz de regresar al trabajo, puedas planear viajes, actividades, socialización, incluso puedas pensar que tu reacción es totalmente inapropiada a lo que ha sucedido.

Dependiendo de tus circunstancias, es posible que necesites volver a la vida diaria normal mucho más rápido de lo que te sientes capaz de afrontar. El resto del mundo sigue con normalidad, aunque tú no siente nada normal y, con demasiada frecuencia, hay pocas personas a tu alrededor que sean permisivos o incluso sean conscientes de tu situación.

Para mí, volví a trabajar con normalidad al día siguiente y no se lo dije a nadie. Era parte de un mecanismo de afrontamiento que me ayudó a fingir que no había pasado nada. La parte más difícil fue cuando la gente se enteró de mi noticia y, de repente, no tenía a nadie con quien fingir. Todos estaban llenos de condolencias, avergonzados o tristes por mí, y me sentí como un extraterrestre al que se observa la más mínima señal emocional.

Desafortunadamente, aunque preferí que nadie lo mencionara por temor a derrumbarme, otros pueden encontrar que evitar el tema es la parte más dolorosa de regresar al mundo real después de una pérdida. Puede resultar difícil para los demás saber qué es lo que prefieres.

Otro tipo de reacción de choque es el delirio.
Tanto yo como mis abuelos sufrimos este extraño tipo de conmoción cuando mi padre se enfermó inicialmente y pensamos que podríamos perderlo, dieciocho meses antes de su muerte. No quiero ofender a nadie ni parecer frío, pero encontramos la más inapropiada de las cosas, muy, muy

divertida. Y cuando digo gracioso, me refiero a histérico hasta el punto del delirio.

Todavía recuerdo que los tres esperábamos en la "sala de reuniones familiares" de la unidad de cuidados intensivos del hospital con mis abuelos a un médico. Íbamos a discutir si podíamos esperar que mi padre sobreviviera y, de ser así, hasta qué punto podría recuperarse de su estado vegetativo.

Estábamos avergonzados porque no podíamos dejar de reír. Nos reíamos de la infidelidad, el divorcio, las aventuras amorosas, el dinero, la vida, la muerte. Todos los cuales eran temas increíblemente inapropiados de los que reírse. Y, sin embargo, no pudimos detenernos. Afortunadamente, cuando llegó el médico, bajamos a la tierra, o más bien nos hundimos en nuestros respectivos pozos de depresión y preocupación, ya que simplemente no podían decirnos qué pasaría.

Algo parecido me había pasado de camino al hospital, en el avión procedente de Australia, donde viajaba. La aerolínea había hecho un esfuerzo adicional para subirme a un vuelo de última hora, debido a las circunstancias urgentes, y la tripulación de cabina estaba siendo maravillosamente amable conmigo.

Mientras despegamos, me perdí en varios episodios de comedia en mi pantalla de video personal y me encontré riendo a carcajadas durante la mayor parte del vuelo. Para cuando aterrizamos, la misma tripulación me miraba con escepticismo, lo que probablemente debería haberme ruborizado o avergonzado. Pero solo lo encontré divertido. Simplemente no me importaban las opiniones de esta gente tan amable.

Esto me desconcierta hasta el día de hoy, ya que soy una persona bastante sensible y reflexiva en su mayor parte. Simplemente me maravilla la capacidad de nuestro cerebro para enviarnos al shock, al delirio o lo que sea que necesitemos para superarnos y protegernos hasta que estemos seguros para procesar emociones increíblemente difíciles.

Lo único que se me ocurre es que la risa siempre ha sido uno de mis mecanismos de afrontamiento. Lo uso para sentirme mejor en todo tipo de cosas y para tranquilizarme.

Una vez, en una clase de teatro cuando tenía trece años, un instructor físico nos "taladró" gritándonos en la cara y obligándonos a hacer flexiones. No pude evitar reírme incontrolablemente, y cuando se acercó para gritarme en la cara, rompí a llorar rápidamente, lo que puso fin a todo el ejercicio. En mi caso, supongo, el dicho "te ríes o lloras" es especialmente apropiado.

Trata de no ser demasiado duro con alguien que se pone un poco "delirante", incluso si no es así como reaccionarías tú y lo encuentras ofensivo o impactante. Es posible que su cerebro aún no esté preparado para afrontar la verdad. Sin embargo, si tú y tu familia reaccionáis al "shock", intenta dejarlo pasar si puedes.

El fin de una relación de por vida

Consideremos ahora cómo la muerte es el final de una relación de por vida y comencemos a ver las emociones que siguen a la conmoción y la negación.

Mientras luchan por aceptar la pérdida, muchas personas experimentarán una oleada de pensamientos y emociones que pueden agitarse y repetirse constantemente o aparecer de manera tan repentina e inesperada que es sorprendente. Mucha gente se pregunta si sus pensamientos son normales. La incredulidad o la negación de lo sucedido puede ocurrir y permanecer durante muchos meses o incluso años, junto con la confusión y la preocupación.

Los afligidos pueden sentir como si se estuvieran volviendo locos, sin rima o razón para sus patrones de pensamiento problemáticos. Estos pensamientos pueden ocurrir en cualquier momento del día o de la noche y no respetan los horarios. La interrupción del sueño y las pesadillas son comunes, lo que puede exacerbar la confusión y los patrones de pensamiento interrumpidos.

Algunas personas pueden experimentar ver la semejanza de sus padres en otras personas o sentir su presencia.

En el año que siguió a la muerte de papá, me parecía verlo en todas partes, pero siempre por el rabillo del ojo. Dos años después, estuve detenida un momento incómodamente junto a un hombre que podría haber sido mi padre, y eso me dio una profunda sensación de calma. No estoy segura si se dio cuenta de que le miraba, pero parecía que no podía dejar de hacerlo.

A pesar de estos avistamientos y sentimientos, en realidad la muerte de uno de los padres marca el final de la relación activa con ellos, y un punto en el que nada se puede cambiar, algo que llevó a nuestro próximo caso, Elina, varios años a aceptarlo.

El padre de Elina murió de un ataque cardíaco inesperado en 1999, y fue su primera experiencia de pérdida, que fue tan impactante que lo describe como un "puñetazo en el estómago". Cinco años después su madre también murió y a los cuarenta se sintió huérfana, sin ancla y a la deriva, como el "único árbol que queda en pie en un bosque".

Se sentía como si fueran el único punto constante y estable a lo largo de toda su vida, a pesar de ser una adulta de pleno derecho que podía valerse por sí misma y mantenerse a sí misma. Años después de sus muertes todavía se muerde la lengua cuando sus amigos se quejan de tener que visitar a sus padres durante las vacaciones, recordándoles que deben disfrutarlos mientras puedan, ante un incómodo silencio y un cambio de tema.

Encuentra que otras personas se sienten muy incómodas si ella menciona el hecho de que no tiene padres, hasta un punto en el que es casi vergonzoso. La incomodidad es frustrante y estúpida para su mente, y cree que la mayoría de nosotros somos más iguales que diferentes, con estos diferentes eventos y etapas de la vida que nos unen. Experimentar la pérdida de tus padres es algo por lo que casi todos pasarán en algún momento de sus vidas.

Elina ahora se siente completamente cómoda con sus recuerdos y disfruta pensando en los momentos felices que compartió con sus padres. Los extraña, pero recurre a sus recuerdos como fuente de fortaleza cuando atraviesa los desafíos de la vida y se siente sola. De esa manera, todavía puede sentirse afortunada de haber sido criada por dos padres cariñosos.

Para mí, cada recuerdo de mi padre tenía que ser trabajado, clasificado y "etiquetado" con una actualización: él ya no estaba conmigo, de modo que cuando los recuerdos me visitaran, lo recordaría de una manera que sentí que habían cambiado para siempre. Me sentí cansada y dormí mucho, como si mi mente estuviera haciendo una gran cantidad de trabajo secreto "detrás de escena".

Puede ser sorprendente saber que, si bien puede parecer que tu relación ha terminado por completo, no es así. No estoy hablando de religión, estoy hablando de desarrollar un sentido interno de llevar a tus padres contigo, en los recuerdos y en el espíritu dondequiera que estés, que es lo que muchas personas llegan a sentir.

Los recuerdos de mi padre permanecerán conmigo siempre, pero también lo llamo para que me dé fuerzas y me oriente de vez en cuando, y siento que todavía está allí. Puede llevar mucho tiempo reajustarme a esta relación "distante", pero para mí es esta relación nueva y continua que permite aferrarme felizmente a los recuerdos de él.

En muchos casos, los recuerdos de un padre pueden ser difíciles de recordar, durante el primer o segundo año de su pérdida, pero trata de no preocuparte o sentirte culpable por esto, a menudo vuelven con el tiempo. No eres un mal hijo o hija, y tampoco los estás traicionando u olvidando, si no puedes recordar mucho durante el primer año más o menos después de su fallecimiento, tu cerebro puede estar bloqueando algunos de tus recuerdos en la actualidad.

Mi hermano me dijo una vez que no podía recordar a papá en absoluto, y mi hermana lo mismo. Ambos me dijeron esto en los primeros meses de su fallecimiento, y debo decir que fue difícil para mí recordar quién era y cómo le veía también. No ser capaz de recordar no dice nada acerca de cuánto los amabas, dice que tu cerebro está en un estado de confusión, flujo o cambio, y que trabaja duro "detrás de escena" para que puedas pasar.

Uno de los cambios subyacentes tras la muerte de mi padre fue acostumbrarme al hecho de que ya no estaba protegida por él. Los padres nos cuidan durante nuestra infancia y muchos continúan haciéndolo en la edad adulta. Cuando se quita este sentimiento de protección, puede resultar en un intenso sentimiento de vulnerabilidad y soledad.

El amor incondicional que alguna vez hubo ya no está ahí para brindar apoyo. Esto varía de una persona a otra y puede depender de las edades relativas de los hijos y de los padres, así como de la naturaleza de la relación y las personalidades involucradas. Si ambos padres están ahora fallecidos o ausentes, la sensación de estar solo en el mundo puede ser muy aterradora.

Dediquemos un momento a considerar la emoción común de la culpa.

Algunas personas inevitablemente se culpan a sí mismas por la pérdida, pensando que puede haber algo que podrían haber hecho para salvar a sus padres. Si tan solo se hubieran esforzado más, hubieran llamado más a menudo o hubieran hecho algo más.

Krista era una adulta joven cuando perdió a su madre por cáncer de intestino. Recuerda cómo la última semana de la vida de su madre la pasó discutiendo porque su madre quería que se fuera a casa y viviera con ella en lugar del hombre que pensaba que amaba (y más tarde descubrió que estaba equivocada).

Lamenta que sus últimas palabras con su madre fueran de enfado y que no le dijo que la amaba y que era una inspiración increíble. Después de años de culpa, finalmente aceptó el hecho de que, aunque sus últimas palabras fueron de disgusto, su madre sabía que la amaba y que era esto lo que era importante en lugar de un solo momento o una sola semana.

Siete años después, todavía la extraña y tiene a alguien en quien apoyarse en tiempos de dificultad. Pero describe a su madre como una inspiración y apoyo.

Lisa también sufrió una inmensa culpa porque ella y su familia supusieron que los dolores de su madre y los síntomas de un mieloma múltiple no descubierto eran parte de su diabetes tipo dos. Sentía que no se tomaba en serio los dolores o las quejas de su madre y deseaba haberla escuchado, culpándose a sí misma por no haber recibido atención médica antes.

Se perdieron tres meses en recibir un tratamiento correcto, y debido a que consultó con los "médicos equivocados" al respecto, ella se sintió la verdadera "irresponsable" y negligente.

Después de un tiempo, se dio cuenta de que a pesar de la demora no habría habido cura y que su culpa era parte de su dolor. No debía saber que los dolores de su madre eran diferentes a los de los demás, y no podría haber sabido lo que esto significaba si lo supiera. A pesar de que ella lo sabe, todavía se reprende a sí misma por no ahorrarle a su madre más dolor con un mejor programa de cuidados paliativos.

En cuanto a mí, mencioné anteriormente que vivía en Corea del Sur cuando murió mi padre, y no lo había visto durante el año antes de su muerte. Cuando lo había dejado se estaba recuperando bien de su accidente cerebrovascular. Había estado viajando por Australia cuando sufrió su derrame cerebral y regresé a casa inmediatamente y pasé seis meses con él, visitándolo en el hospital hasta el glorioso lanzamiento de regreso a su hogar y la libertad, y luego dos meses más sintiéndome tan orgullosa por él en su recuperación. Atesoro profundamente esos recuerdos. Estaba tan feliz de estar vivo y tan decidido a recuperarse. Quizás con un poco de optimismo soñaba con volver a montar en su motocicleta algún día.

Sin embargo, me sentí terriblemente culpable de no haberlo visto antes de que muriera, y tenía muchas ganas de volver a casa para visitarlo. Nuestras partidas de ajedrez de larga distancia significaban mucho para él y para mí, al igual que las llamadas desde lejos, pero la culpa persistía.

A pesar de no poder unir una frase coherente y usar todo tipo de "sustitutos de palabras" (como "fregadero de la cocina" para referirse a "todo", tomado de la frase "He embalado el fregadero de la cocina") y después de veinte intentos para marcar un número de teléfono, me ganó en cada partida de ajedrez de larga distancia que jugábamos. Incluso me aconsejó cómo esquiar cuando estaba dando mi primer y único intento. Me dijo que, si tenía dudas, que me tirara al suelo antes de ir demasiado rápido, y que, si iba demasiado rápido, me inclinara hacia un lado y esquiara cuesta arriba. ¡Funcionó!

La culpa persistió a pesar de que todos los miembros de la familia, incluido él, me instaron a ir y seguir mis sueños de trabajar en el extranjero. Lamentablemente, la situación en casa se había vuelto desagradable ya que la novia de mi padre mantuvo hostilidades inusualmente fuertes hacia sus hijos. No tengo esto en contra de ella, ya que había sufrido una gran cantidad de confusión psicológica que culminó en un ataque de nervios poco antes de que se conocieran unos años atrás.

Su derrame le había llevado de regreso al punto de partida, y quería que los dejaran en paz y ella le protegía ferozmente. Él nunca dejó que esto le sobrepasara, fue maravilloso al respecto, y nunca dejó que ella le alejara de sus hijos, lo mejor que pudo. Su perspectiva siguió siendo positiva e inspiradora. De hecho, recuerdo lo orgulloso que estaba (y todos lo estábamos) cuando después de seis meses de recuperación pudo hacer una flexión con un solo brazo, con su brazo fuerte.

A pesar de que me aseguraron que "no puedes no vivir tu vida por qué pasaría si" y que debería salir al mundo y hacer que mis "sueños se hagan realidad", el hecho de que muriera antes de que yo llegara a casa hizo que no lo viera de nuevo y parece totalmente inaceptable.

Lógica y filosóficamente estoy de acuerdo con todos los consejos que me dieron. Sé que las personas no deberían vivir sus vidas basándose en "qué pasaría si". Parecía estar completamente mejorando cuando me fui. Pero desde un nivel instintivo, sentí que debería haber estado allí, sin importar lo que estuviera poniendo en espera, o cualquier hostilidad que enfrentara.

Este tipo de culpa y tristeza son comunes, especialmente si hay algo que crees que podrías haber hecho o dicho de manera diferente, o si sientes que tus padres no sabían cómo te sentías por ellos. Las personas pueden andar en círculos castigándose a sí mismas hasta que estos sentimientos sigan su curso. Si este es tu caso, trata de darte cuenta de que la culpa es parte de la pérdida y que la mayoría de las personas se sentirán culpables por algo y se molestarán por no haber hecho algo diferente.

En su lugar, intenta concentrarte en el hecho de que la mayoría de las personas sienten esta culpa. Tu padre no querría que te sintieras así. Probablemente sabían que los amabas y, en la vida real, las personas no andan por ahí actuando como si tuvieran miedo de que cada acción, conversación o interacción pueda ser la última. No es una forma saludable de vivir.

Realmente es muy probable que la última conversación o reunión que tengas con alguien antes de que muera, sea normal, quizás sarcástica, quizás molesta, o quizás hayas tenido la suerte de que fue agradable o cariñosa. Pero esto es solo un reflejo de la vida real.

No es realista esperar ser perfectamente cariñoso y estar listo para la muerte todo el tiempo, por si acaso alguien muere. Y en el caso de enfermedades a largo plazo, no es realista ni lo que tus padres querrían, que su vida haya quedado en suspenso porque está "esperando" a que mueran.

Veamos los sentimientos de ira y culpa.

En contraste con la culpa, pueden surgir sentimientos de ira y culpa hacia un padre, que a menudo toman la forma de pensamientos como "¿cómo pudieron dejarme solo?" Y "cómo pudieron hacerme esto". Puedes creer que para tener estos pensamientos debe ser una mala persona. Estos sentimientos son típicos, particularmente porque los padres nos protegieron y nos guiaron al mundo.

Katherine creció con un padre alcohólico y una madre emocionalmente inaccesible, que intentó suicidarse varias veces. Sus padres se divorciaron cuando ella tenía trece años y ella misma comenzó a beber durante su adolescencia, pero dejó de beber cuando conoció a su pareja que no bebía.

Cuando ella tenía treinta y tantos, su padre falleció de insuficiencia hepática y ella lo culpó no solo por su propia muerte, sino por su difícil comienzo en la vida. En este momento, fue golpeada por una marejada implacable de emoción (ira, culpa, tristeza) que encontró increíblemente difícil de superar.

Unos años después, Katherine ha pasado mucho tiempo reflexionando sobre su infancia, dándose cuenta de que sus necesidades emocionales no se habían satisfecho cuando era niña y de que no estaba tan preparada para afrontar el desafío emocional de perder a su padre. Se dio cuenta de que, a pesar de sus circunstancias, ella era responsable de que sus emociones avanzaran. Ahora siente que, a pesar de su increíblemente difícil comienzo en la vida, está agradecida por las lecciones que ha aprendido sobre sí misma, otras personas y la vida en general. Ya no culpa a su padre, pero a veces lo extraña, esperando que él tuviera la oportunidad de reflexionar sobre su vida antes de morir.

Pasemos a considerar la incómoda sensación de alivio.

Si uno de los padres estaba enfermo antes de la muerte, o incluso si tuvo una relación difícil con ellos, puede resultar en una emoción confusa y perturbadora de alivio. Quizás el afligido se sienta aliviado de que su padre ya no esté sufriendo, o quizás de que su propio sufrimiento y espera haya terminado. Puede ser muy estresante y molesto cuando uno de los padres no se encuentra bien, especialmente si tú lo estás cuidando y tienes heridas profundas que se remontan a tu niñez. Es posible que surjan pensamientos de alivio, que no son invitados a la mente, seguidos de sentimientos de culpa por el hecho de que esos pensamientos son malvados o de que eres una persona terrible y desagradecida.

Cada aspecto del cambio que la pérdida ha traído consigo deberá ser procesado por la mente, y si hay cambios objetivamente positivos, estos también deberán ser reconocidos y procesados. Esto no resta valor a los aspectos cariñosos de su relación y no significa que los haya traicionado.

Sección 2

Circunstancias personales

Muerte después de una larga enfermedad

Una muerte típica suele seguir a un largo período de enfermedad en el que al menos un miembro de la familia cuida a su pariente. Si tu padre estuvo enfermo durante un período prolongado antes de morir, esto puede ser muy agotador para ti y para cualquier otra persona que lo cuide, cuide o se preocupe por él. Las enfermedades son intrínsecamente impredecibles con una gran cantidad de incertidumbre y, a menudo, sufrimiento.

Aproximadamente uno de cada cinco cuidadores que sufren de pérdida tendrá problemas de salud mental, como depresión o duelo complicado (que se caracteriza por una angustia prolongada y deterioro de la vida en varios aspectos).

Investigaciones recientes han demostrado que los miembros de la familia que participan en la prestación de cuidados antes de la muerte muestran una mayor resistencia y capacidad de adaptación después, y los síntomas de dolor y depresión vuelven casi a niveles normales en un año. Se cree que esto se debe a que han tenido tiempo para prepararse para la muerte inminente, no sienten culpa por el cuidado que brindaron y se sienten aliviados por el hecho de que sus padres ya no sufren ni tienen necesidad.

El desconsuelo que sigue a un período de enfermedad puede crear algunos pensamientos y emociones confusos, según las circunstancias, porque por lo general ya hay mucho malestar que conduce a su fallecimiento. Se ha descubierto que cuanto mayor es el nivel de angustia antes de la muerte, más probabilidades hay de sufrir depresión, ansiedad o duelo complicado después. Si estaba muy agobiado por el cuidado de sus padres, se sentía agotado o sobrecargado con otras responsabilidades como el trabajo o el cuidado de sus propios hijos, entonces también corre más riesgo de sufrir depresión o un duelo complicado. Es importante que supere su dolor y se cuide adecuadamente.

Veremos algunas historias de hijos adultos que perdieron a sus padres en diferentes escenarios; como los que estaban luchando contra una enfermedad posiblemente curable (en este caso el cáncer), los que tenían una enfermedad terminal (nos fijamos en la demencia) y los que experimentaron muertes inesperadas.

En primer lugar, la muerte después de luchar contra una enfermedad potencialmente curable.

Sarah perdió a sus dos padres a causa del cáncer de pulmón antes de que ella o su hermana tuvieran la oportunidad de tener sus propios hijos. Ella y su hermana cuidaron a su padre en 2010 y vieron cómo él luchó tan duro por la vida que tanto amaba. Estaban desconsolados cuando perdió su movilidad e independencia, y sintieron que estaban perdiendo sus cimientos. Sabían después de su muerte que perder a su madre sería una pesadilla.

Varios años después, después de reconstruir su vida y establecer nuevos caminos, recibió una llamada de que su madre tenía cáncer de pulmón en fase 3. La familia luchó durante dos rondas de quimioterapia, pero trágicamente, después de nueve meses, hubo una recurrencia en los huesos, el hígado y el cerebro. No había opciones quirúrgicas o de quimioterapia disponibles y, después de tres meses más, su madre falleció. Sarah luchó con el hecho de que habían agotado todas las opciones de tratamiento y que no se podía hacer nada más que dejar ir a su madre.

Durante semanas no sintió nada, su cerebro la protegió del shock. Se sintió terrible por esto, preguntando a todos por qué no estaba molesta o afligida. Un consejero le dijo que tenía que esperar y que el entumecimiento se convertiría en oleadas de dolor. Muy pronto, una angustia paralizante la envolvió, y no podía pensar en nada más que en su madre y el cáncer desde la mañana hasta la noche.

Ansiaba tomar su mano y desesperadamente quería hablar con ella. Llevaba la ropa de su madre, le enviaba mensajes y correos electrónicos e incluso usaba su cepillo para el cabello. Sarah sintió como si quienquiera que hubiera sido, hubiera cambiado con la muerte de su madre y se hubiera ido con ella. Junto con el amor incondicional de un padre.

Fue solo cuando Sarah habló con una amiga que había perdido a sus propios padres recientemente que comenzó a cuidarse mejor. Cuidó sus propias necesidades, como su amiga le dijo que debía hacerlo. Al obligarse a comer bien, dormir durante ocho horas completas y hacer ejercicio con regularidad, Sarah se sintió más capaz de sobrellevar la situación cuando le golpeaba un muro de tristeza. Lamenta que sus padres nunca serán abuelos, pero se siente orgullosa de haber podido brindarles amor y cuidado antes de que murieran. Está agradecida de haber tenido tan buenos modelos a seguir para enseñar su empatía, y espera hacerles sentir orgullosos viviendo su vida de una manera cariñosa.

La historia de Steve, por otro lado, involucró una enfermedad inevitablemente terminal.

El padre de Steve falleció hace cinco años, después de haber luchado contra la demencia durante nueve años. Su madre era la principal cuidadora, pero Steve y sus hermanas ayudaban siempre que podían, ya que todos los hijos vivían en el pueblo vecino.

A lo largo de la enfermedad de su padre, dedicó su tiempo a aprender todo lo que pudo sobre las historias familiares. Se enteró de cómo se conocieron su padre y su madre, y repasó cada detalle de sus cartas de "enamoramiento" entre ellos. Habló con su madre sobre las historias detrás de cada una de las fotografías familiares. En cierto modo, se convirtió en el historiador familiar no oficial. Él y sus hermanas compartían recuerdos de su padre y su infancia con regularidad, y disfrutaron de los primeros años en los que su padre pudo participar.

Mientras veía a su padre perder más y más recuerdos cada día, eran las historias las que le recordaban lo que era verdadero y correcto, y lo que importaba. Las historias le enseñaron que lo importante para él era la familia, la presencia y el amor.

Para él, se dio cuenta de que mientras la demencia estaba pasando factura a su padre y su familia, e incluso en el momento de la muerte, su familia estaba siendo moldeada y su historia aún se estaba escribiendo. Se alegraba de haber contribuido tanto al cuidado de su padre durante los años antes de su fallecimiento.

Muerte repentina e inesperada.

Casi todo el mundo sufre un duelo en algún momento de su vida. Sin embargo, generalmente se espera que esto siga a una enfermedad o alguna forma de advertencia que ayude a prepararse para la pérdida. Cuando la pérdida de un padre es repentina e inesperada, o incluso si el padre ha estado enfermo y muriendo durante algún tiempo, puede ser un shock y provocar una gran cantidad de emociones abrumadoras.

El dolor repentino puede ser traumático, aterrador y devastador. A menudo, las personas describen sentimientos de impotencia. La experiencia puede parecer un sueño y los pensamientos pueden fragmentarse y confundirse mientras luchan contra la pérdida.

Las manifestaciones físicas asociadas con la muerte súbita pueden estar relacionadas con traumas o reacciones de estrés.

Es posible que se sienta muy nervioso, intranquilo, inquieto o demasiado alerta. Paseos por la casa, "déjà vu" como olvidar por qué se entró en una habitación, imágenes intrusivas o flashbacks.

A medida que envejecemos, aprendemos que el viaje de la vida puede ser impactante, pero desafortunadamente, aunque esta lección puede ayudarnos un poco, nada puede prepararnos para el impacto repentino de la muerte. Cuanto más jóvenes somos, menos nos damos cuenta de que la vida está llena de pérdidas, por lo que los jóvenes pueden encontrarse particularmente mal preparados para tratar con circunstancias tan devastadoras.

La historia de Jen es uno de esos casos.

Jen era enfermera de cuidados intensivos cuando su madre murió en un accidente automovilístico y descubrió que tenía que dejar su profesión porque ya no podía hacer frente al estrés o al trauma. No le dijeron nada sobre el accidente de su madre, simplemente se enteró de que había sido ingresada en el hospital donde trabajaba.
Trágicamente fue testigo de la muerte de su propia madre frente a ella como parte de su equipo médico, sin previo aviso. La conmoción fue intensa e inmediatamente se hizo añicos, incapaz de trabajar y hundiéndose en una profunda depresión.

Describe a su madre como la persona que creía que era realmente genial. Sintió que cuando su madre murió, también se llevó la mitad de ella. Jen pasó tres años antes de tocar fondo y comenzar a reconstruir su vida. Durante ese tiempo, se apartó por completo de sus amigos y se aisló, pasando la mayor parte del tiempo sola. La recuperación para

Jen significó reorientar su vida y sus ambiciones, poner nuevas aspiraciones en su lugar y volver a buscar a viejos amigos. Comenzó a concentrarse en construir nuevas relaciones mientras fortalecía las antiguas.

También cambió de carrera, ya que encontró que la idea de volver a la enfermería era demasiado para ella. Trabajando ahora como paseadora de perros, entrenadora y criadora, pasa su tiempo al aire libre bajo el sol, principalmente con el mejor amigo del hombre.

Es mucho más feliz de lo que era, pero aún extraña a su madre y piensa en ella la mayoría de los días. Con su nueva vida, disfruta de la libertad de administrar su propio tiempo y no extraña su antiguo horario agitado de sus días de enfermería.

Está considerando convertirse en enfermera a tiempo parcial para pacientes individuales, ya que conocer a las personas siempre fue su parte favorita de su trabajo de enfermería y de esta manera podría construir relaciones duraderas mientras ayuda a los demás. No tuvo muchas oportunidades de entablar relaciones como enfermera de cuidados intensivos, ya que la mayoría de los pacientes estuvieron bajo su cuidado por un corto tiempo. Dicho esto, nunca renunciaría a sus perros, y ahora tiene las manos ocupadas impartiendo clases de entrenamiento y cuidando a su perra pug Molly, que está preñada de nuevo por segunda vez.

Jen se ha dado cuenta de que la vida no siempre va según lo planeado, pero lo importante es saber cuándo es el momento de hacer un cambio y comenzar un nuevo capítulo en tu vida. Todavía lleva consigo las lecciones que su madre le enseñó durante el viaje.

Arrepentimientos y relaciones difíciles

Los estilos de educación (generalizados en cuatro grandes grupos en la página siguiente) tienen varios beneficios y dificultades para los niños. Los estilos de educación autoritarios, permisivos y negligentes pueden crear dificultades en las relaciones entre padres e hijos en un grado u otro.

A veces, la muerte de un padre con el que tuvo una relación difícil puede traer estos problemas a un primer plano, lo que hace que sea muy difícil aceptar la pérdida debido a la confusión, la culpa y las cosas que no se han dicho.

Mucha gente no tiene la relación perfecta con sus padres. Las discusiones turbulentas, el abuso emocional, físico o sexual, o simplemente personalidades diferentes, pueden generar sentimientos encontrados o negativos entre los hijos adultos y sus padres. Cuando se trata de la pérdida de un padre, se deben procesar los recuerdos de todo el período de la relación. Estos recuerdos pueden ser extremadamente dolorosos y pueden hacer que sea mucho más difícil avanzar en el proceso de duelo.

Las personas que sienten que tienen asuntos pendientes con sus padres pueden encontrar particularmente difícil tratar con el hecho de que no podrán terminarlos ahora. Quizás los sentimientos de amor, dolor, ira o perdón no se expresaron y ahora se quedan sin decir. Los sentimientos negativos o recuerdos de relaciones turbulentas mezclados con sentimientos de amor y pérdida pueden resultar en una mezcla confusa de tristeza, enojo hacia uno mismo o hacia uno de los padres, o vergüenza.

Mi padre y yo experimentamos una "mala racha" durante mi adolescencia, que afortunadamente había sido discutida y resuelta tres o cuatro años antes de su fallecimiento. Aun así, los recuerdos de palabras duras me persiguen hasta el día de hoy, años después de su muerte. Este es el caso a pesar de que sé que seguimos adelante y compartimos algunos momentos increíblemente hermosos durante esos años.

La culpa y el arrepentimiento son comunes, al igual que la negación o la ambivalencia. En algunos casos, la negación se prolonga, ya que la pérdida es demasiado difícil y no se puede afrontar. En estos casos, el dolor puede ser enterrado y encerrado, y puede o no regresar más tarde.

Para aquellos que están de duelo, pero les resulta difícil dar sentido a sus emociones encontradas, el duelo prolongado puede ser un riesgo. Una vez que alguien muere, especialmente un padre o una relación cercana, se vuelve mucho más difícil pensar o hablar mal de ellos, lo que dificulta aceptar los pensamientos difíciles que puedan surgir.

La historia de Jan

Jan se enteró de que su madre había muerto por mensaje de texto, a la edad de 26 años. Terminó su turno como camarera, antes quedó con su marido fuera, ya que no podía afrontar el regreso a casa. No había hablado con su madre en dos años, pero antes de eso habían tenido llamadas regulares. Su argumento final era que su madre la llamara idiota, y sonaba cierto contra todas las otras veces que la habían llamado inútil, endeble, cobarde, zorrita, llorona o inútil. Era un pequeño respiro e insignificante, pero fue el último aliento de su relación. Cuando Jan colgó el teléfono, se preguntó qué hacer. Su madre había intentado ser menos cruel e injusta. Todavía quería que ella fuera su madre, pero se dio cuenta de que era inútil. No pudo.

Sufrió la negación de su abuso a manos de amigos y familiares tóxicos que reconocieron que su madre había sido motivada por las cosas correctas, pero que no fueron testigos de los detalles diarios del abuso verbal que parecían tan fuera de lo posible. para ellos. Le tomó años, pero finalmente Jan se dio cuenta de que en su muerte podía abrazar el amor que su madre sentía por ella y ella por su madre, pero que la toxicidad en la que había nacido su madre había contaminado tristemente su relación en un grado increíblemente doloroso.

Terminó encontrando una comunidad positiva y solidaria que le brindó la maternidad que tanto había deseado.

Jóvenes adultos

Los adultos jóvenes y los adolescentes están emergiendo del proceso de formación de sus propias identidades, y si un padre muere durante este tiempo, puede tener un impacto en ellos para el resto de sus vidas. Esto no significa que necesariamente experimentarán el dolor de manera indefinida, pero puede haber consecuencias que surjan de la pérdida.

Por ejemplo, un joven puede no estar equipado emocionalmente para combatir con la pérdida y puede desapegarse emocionalmente, solo para que el dolor lo vuelva a visitar de maneras complicadas durante su vida posterior. Otro joven puede desarrollar un rasgo de carácter positivo, como un mayor sentido de responsabilidad.

Los jóvenes, por definición, están en proceso de formar sus identidades. Las relaciones turbulentas que se volvieron difíciles durante la adolescencia pueden no resolverse hasta mucho más tarde en la vida, si es que se resuelven, y si esto se agrega a la mezcla, la sensación de dolor y confusión puede multiplicarse varias veces.

Los jóvenes y los adultos jóvenes tienden a tener o luchar por tener grupos de pares fuertes. La muerte de un padre los hace instantáneamente diferentes de sus amigos. En el momento de mi pérdida, tenía 23 años, y esto me hizo diferente de la mayoría de mis amigos, que todavía podían llamar a sus padres para que los sacaran de los líos, los recogieran y, lo que es más importante, les ofrecieran amor y apoyo incondicional.

Mientras mis amigos estaban pasando el mejor momento de sus vidas, rápidamente me volví retraída y me encontré con que relacionarme era mucho más difícil que antes. Si soy honesta, los efectos de esto todavía se pueden sentir hasta el día de hoy, nueve años después (nunca recuperé completamente mi entusiasmo por relacionarme), todo parecía demasiado insignificante y mezquino, y desarrollé cierto grado de ansiedad social.

En el caso de mi hermana, que tenía 16 años cuando mi padre enfermó y 18 cuando murió, esto fue particularmente difícil. Mi padre había estado en riesgo de sufrir un infarto cardíaco durante años antes de su accidente cerebrovascular, durante toda la etapa rebelde adolescente de mi hermana. El año anterior al derrame cerebral le había dicho específicamente que, si moría de un ataque cardíaco o derrame cerebral, sería culpa suya debido al estrés que le había causado.

Ni siquiera puedo empezar a imaginar cómo se debe haber sentido al escuchar esto, o cómo se siente al respecto ahora, nunca hemos hablado realmente de eso.

Mi padre no era un hombre malo o malvado, era simplemente un ser humano, muy sensible y ella estaba teniendo problemas en la adolescencia. Echar la culpa a sus pies era terriblemente malicioso e inexacto.

Solo para dejar las cosas claras en nombre de mi hermana, según el estudio del corazón de Framingham, las afirmaciones de mi padre estaban completamente equivocadas. El estudio del corazón de Framingham es el estudio más notorio y ampliamente citado sobre la salud cardíaca y los eventos cardiovasculares, y cita la presión arterial alta, el índice de masa corporal alto, el consumo elevado de alcohol, el tabaquismo y la mediana edad como los factores de riesgo clave asociados con el accidente cerebrovascular. Todo lo que mi padre conocía y poco o nada hizo para combatirlo. Estar estresado sin tener sobrepeso, fumar y beber demasiado le habría causado dolor de cabeza. Ni un derrame cerebral. Poner la culpa a los pies de mi hermana no era correcto en los hechos y, francamente, era algo monstruoso. El único culpable fue mi padre, por ignorar los consejos de su médico de adelgazar, dejar de fumar, dejar de beber y hacer un maldito ejercicio. Como puedes ver, a veces las emociones pueden sobrevivir, incluso años después. Parece que simplemente se establecen y encuentran su lugar, para que la vida normal pueda continuar.

Sección 3:

Duelo en la familia

Cuando un padre muere, es probable que toda la familia se ponga de luto. Puede ser muy difícil ver sufrir a las personas que te importan. Si ambos padres estaban juntos en el momento de la muerte, ver al padre restante luchar para sobrellevar la situación puede ser trágico para toda la familia. Sin embargo, si tus padres se divorciaron, es posible que tengas problemas con los sentimientos de que el padre fallecido, tu forma de vida y una buena parte de tu infancia se han perdido y olvidado.

Los hijos adultos y los cónyuges restantes deben encontrar un nuevo equilibrio y una nueva forma de vivir juntos y apoyarse mutuamente. Los roles dentro de la familia deben ajustarse para compensar la pérdida, y esto puede llevar tiempo. A menudo, las personas descubren que toda la dinámica familiar cambia, y esto debe aceptarse y volverse normal y habitual antes de que la vida pueda continuar pacíficamente.

Cambios en su familia

Cuando hay una muerte en una familia, hay un nuevo vacío en el sistema familiar. La familia tendrá que adaptarse a este cambio para encontrar un nuevo equilibrio. Este ajuste lo crearán los que se queden, y la forma en que ocurra dependerá de la edad, el rol, la actitud ante el duelo y la etapa de duelo de cada miembro de la familia.

Cada miembro de la familia debe pasar por el proceso de darse cuenta de que ha cambiado debido a la pérdida y luego poner este cambio en práctica en su vida. Una familia puede ayudar u obstaculizar este proceso.

Aniversarios

Los tiempos de los aniversarios pueden ser particularmente difíciles de ajustar para el sistema familiar, como el aniversario del día en que murió tu padre, los cumpleaños y los días festivos. Estos días pueden ayudar al ser días fijados en el que una familia tiene "permiso" para llorar. Los rituales como ir a la tumba o celebrar un servicio religioso pueden ayudar a compartir. Sin embargo, esto no siempre es bueno, ya que los sentimientos de duelo pueden agravarse y convertirse en un duelo no resuelto a largo plazo. Si deseas conmemorar a tu padre, pero de una manera saludable, puedes encontrar que realizar una de las actividades de la Sección 4 te permite lograr este equilibrio entre la conmoción y el significado, y el dolor agravado no resuelto.

La historia de Toby

Durante los primeros tres años después de la muerte del padre de Toby, su familia se reunió en el cumpleaños de su padre y compartió historias. Su hermana llevaba las patatas fritas favoritas de su padre, Doritos, y su madre tocaba "su canción". Compartieron una copa de vino juntos y trataban de hacer del recuerdo una celebración de la vida de su padre, hablando de sus mejores momentos en la vida. Creía que esto ayudaba a mantener viva su memoria y legado. Después de tres años, la familia decidió vivir el a su manera, pero todavía hablan de su padre en las conversaciones con regularidad.

La historia de Linda

La madre de Linda murió en su cumpleaños hace cinco años. Desde entonces le ha resultado difícil celebrar su cumpleaños, viéndolo solo como un día de tristeza y dolor. Su familia le dedica poco tiempo o atención, ya que todos se concentran en recordar a su madre. El año que viene ha decidido que celebrará su cumpleaños y la vida de su madre yendo a un restaurante con su marido. Sabe que su madre querría que adoptara este enfoque más positivo.

Reacciones emocionales familiares

Una reacción común a la ira y la culpa es desplazar tus sentimientos, para defenderte de sentirlos directamente. Esto necesita un chivo expiatorio, que puede estar dentro o fuera de la familia (como médicos y servicios médicos). Esta figura de chivo expiatorio puede mantener unida a una familia como alguien o algo a quien culpar, proyectando ira sobre ellos. La culpa también puede redirigirse a la necesidad de castigarte a ti mismo o a los demás, sintiéndote que te lo mereces. La paranoia, la lástima y la vergüenza también son comunes.

El comportamiento sobreprotector podría salir a flote, por temor a que un destino similar visite a un miembro de la familia restante. Esto puede llevar a una mayor vigilancia contra los forasteros, las personas que no pueden llorar por sí solas y la falta de privacidad o espacio. Una mayor dependencia de la familia restante después de la pérdida de uno de los padres es natural, pero puede ser poco saludable y llevar a que una familia se aísle de su comunidad, y que solo se consuelen entre ellos.

A veces, existe una diferencia entre la forma en que las diferentes generaciones de la misma familia afrontan el dolor. En situaciones en las que ambos padres todavía estaban en pareja en el momento de la muerte, no es solo su propio dolor lo que un hijo adulto debe afrontar, sino también el dolor del otro padre. Esto puede ser extremadamente triste y difícil de manejar, y puede conducir a un estrés prolongado e infelicidad dentro de la familia. Muchas personas que enviudan encuentran el segundo año de duelo aún más difícil que el primero.

Los miembros de familias con padres separados o divorciados en el momento de la muerte, o una familia que es disfuncional de alguna otra manera, pueden encontrar confuso cuando uno de los padres fallece. Si el padre restante ha pasado a una nueva vida, puede sentirse como si el padre perdido hubiera sido olvidado.

Cuando alguien muere, puede convertirse en una versión idealizada de sí mismo. Algunas personas no podrán dejar de lado una imagen de ellos como perfectos, colocándolos en un pedestal. Este puede ser un camino peligroso, ya que, si se lleva a los extremos, puede evitar que los vivos sigan adelante y se unan a los vivos, o que creen nuevas relaciones. Puede resultar en una tendencia a vivir en el pasado, con la identidad de un individuo congelada en el tiempo y apegada al padre fallecido. Esto puede manifestarse con alguien que intenta mantener todo igual que cuando el padre estaba vivo.

En algunos casos, un miembro de la familia puede intentar reemplazar al ser querido perdido por otra persona, antes de que el proceso de duelo haya terminado. Mi amigo, Dave, perdió a su padre a causa del cáncer de pulmón, y su madre devastada se entretenía frenéticamente, sin detenerse ni un segundo. Dave encontró a su familia en desacuerdo cuando su madre reveló que un año después de la muerte de su padre, había comenzado una relación con su tío, apoyándose el uno al otro en su dolor. Finalmente, Dave se reconcilió con el conocimiento de que no tenía más remedio que aceptar la nueva relación, que sus hermanos también tuvieron que aceptar para mantener unida a la familia.

La mayoría de las familias se someterán a un cierto grado de reestructuración, y los hermanos asumirán el papel de padres y las relaciones se fortalecerán a lo largo de las generaciones. En algunos casos, los matrimonios pueden resultar dañados debido a estos cambios de rol e incluso pueden conducir al divorcio.

Funerales, herencia y convivencia

Los funerales pueden ser difíciles tanto de organizar como de asistir, tanto para familias funcionales como disfuncionales. Bien puede ser que la muerte saque lo mejor de los miembros de la familia que intentan ayudar y apoyar a otros a recoger los pedazos. Sin embargo, es igualmente común que estos tiempos difíciles saquen a relucir lo peor de las relaciones tensas.

El funeral en sí tiene diferentes representaciones para diferentes personas, algunos pueden verlo como una ceremonia religiosa, otros como una forma de despedirse o de obtener alguna forma de cierre, una forma de mostrar respeto o una celebración. Todos los puntos de vista son diferentes y pueden resultar en diferentes necesidades y deseos entre los vivos.

Decidir qué hacer y quién desempeña qué función puede ser fácil o sorprendentemente difícil. Con suerte, todos son tranquilos y avanzan juntos para garantizar que el funeral sea una experiencia con la que todos estén felices. En mi caso, el funeral se organizó fácilmente. La abuela tenía algunos deseos que eran importantes para ella, la novia de papá, Gertrude, tenía algunos deseos que eran importantes para ella, y sus hijos y mi abuelo estábamos simplemente tristes, abatidos y no teníamos nada que sintiéramos que necesitábamos. Para nosotros, nada lo traería de regreso y todo parecía inútil. Para la abuela y Gertrude, querían despedirse de una manera conmovedora y hermosa. Afortunadamente, las solicitudes de nadie se superpusieron entre sí, lo que simplificó las cosas.

Ocasionalmente, pueden surgir sentimientos profundos de dolor o resentimiento, que se ven exacerbados por las emociones turbulentas del dolor. Es posible que las personas no se acerquen a los funerales con la mente clara, y es bueno saberlo. Significa que en situaciones en las que surgen desacuerdos, si no se puede quitar nada más, al menos se puede entender que el conflicto ha surgido debido a emociones intensas, una situación difícil y una falta de claridad de pensamiento de ambos lados.

El testamento, patrimonio y herencia

Para aquellos que lo necesiten, ejecutar un testamento, clasificar las posesiones, el patrimonio y las facturas de sus padres puede ser extremadamente estresante. Cuando se involucran recuerdos sentimentales, lidiar con "quién obtiene qué" es un área después de la muerte que puede ir perfectamente sin problemas, pero también tiene el potencial de causar enormes divisiones y resentimientos familiares.

En el mejor de los casos, todos están contentos con su papel en la administración del patrimonio, están contentos con quién quisiera guardar diferentes recuerdos, cómo se dividirá el patrimonio y las últimas palabras dentro del testamento.

Sin embargo, lamentablemente, en ocasiones, las personas pueden alejarse sintiéndose envidiosas, y si esto no se aborda, puede causar una ruptura familiar que puede tardar años en sanar o nunca. Si es posible, es mejor poner la otra mejilla durante los momentos difíciles y tratar de ser tranquilo, ya que puede evitar muchos dolores de corazón en el futuro.

Los niños que heredan dinero de sus padres, sin importar cuán grandes o pequeños sean, pueden experimentar una gran presión sobre qué hacer con él. Algunos pueden sentir que no lo necesitan, lo quieren o lo merecen, mientras que otros no tienen problemas en aceptar que sus padres tenían la intención de que heredaran lo que reciben y se sienten libres de ponerlo en el propósito que elijan.

He hablado con algunas personas que se sintieron obligadas a planificar cómo hacer uso de su herencia y luego se sintieron culpables por hacerlo, como si estuvieran traicionando a sus padres. La herencia también puede tener un precio emocional.

Por lo general, es dinero por el que sus padres han trabajado mucho, acumulado lentamente con el tiempo e incluso con la intención exacta de que se convierta en su herencia. Los sentimientos de presión de que el dinero debe "usarse bien" o gastarse con cuidado de una manera con la que los padres estén de acuerdo pueden pesar mucho en la mente de los afligidos e impedir que su vida fluya en la dirección que usted quisiera.

La historia de David

David luchó durante años con la sensación de que no hizo nada para merecer la gran herencia que recibió, que nunca tuvo la oportunidad de probarse a sí mismo o "lograrlo" por sí mismo, y ha sentido un extraño sentido de responsabilidad que de alguna manera debe usar para hacerlo. algo "extraordinario", en lugar de tener una vida normal y corriente (que es lo que le hubiera gustado).

Finalmente, decidió comprar una casa y comenzar su propio negocio, después de lo cual David se dio cuenta de que podía gastar gran parte del resto de su herencia en hacer su vida más cómoda día a día. Puso una parte del dinero en su fondo de pensiones, compró una propiedad de alquiler y poco a poco gastó el resto en las vacaciones anuales de su familia.

Conflicto sobre la voluntad

Según una investigación reciente realizada por un servicio líder de redacción de testamentos, existen claras señales de advertencia de que habrá un conflicto sobre la herencia. Perder a un miembro de la familia es lo suficientemente insoportable, sin la confusión y el dolor de las luchas internas familiares. Si esa no fuera una razón suficiente para tratar de resolver las cosas de manera amistosa, nueve de cada diez veces los que van a la guerra por la herencia terminan peor en general, y el único ganador garantizado es el abogado.

Entonces, ¿cuáles son las principales señales de alerta de que algo podría salir mal en su familia? La primera es la rivalidad entre hermanos, donde la liquidación de una herencia a veces puede convertirse más en ajustar cuentas viejas que en hacer lo que el difunto hubiera querido. Esto se confunde si existe una disparidad entre la fortuna de los herederos. Una diferencia en la fortuna puede dar lugar a diferencias en las decisiones, como vender de inmediato o conservar un activo.

Si hay varios albaceas en una herencia, hijos separados, familiares desheredados, matrimonios tardíos o si un heredero recibe un beneficio adelantado en comparación con otros, esto puede generar diferencias de opinión y, como resultado, es más probable que haya conflictos. En la siguiente sección, veremos las técnicas de resolución de conflictos, pero con suerte, con un poco de comprensión, estas no serán necesarias.

La historia de James

James creció con una hermana mayor, Liz, y un hermano menor, Neil, en un hogar donde el dinero era bastante escaso. Hizo hincapié en la imparcialidad de su educación temprana, ya que todos recibieron la misma cantidad de regalos en Navidad y la misma cantidad de dinero. Insiste en que eran una familia muy normal. Normal, hasta que años después la familia terminó en los tribunales por una ruptura familiar devastadora.

Liz era escritora, no tenía mucho dinero en forma de fortuna y había sido la principal cuidadora de su madre moribunda durante dieciocho meses antes de morir. James, por otro lado, era un exitoso hombre de negocios hecho a sí mismo, el orgullo de la familia, con un saldo bancario de varios millones de dólares. Esto fue algo que Liz, quien enfatizaba "haz lo que disfruta por encima del dinero", encontró difícil de soportar. Se pelearon por un tema trivial y no hablaron durante años, hasta que a su madre le diagnosticaron Alzheimer.

No fue hasta que su madre falleció, que se descubrió que decidió sacar a James de su testamento, porque él no necesitaba el dinero. James estuvo de acuerdo, no necesitaba el dinero. Fue el momento del cambio lo que más le molestó. Su madre había cambiado su voluntad poco después de mudarse con Liz, en un momento en que su memoria era pobre y no siempre estaba en su sano juicio. Su difunto padre siempre había insistido en que dividieran la herencia de tres maneras, y hasta que se mudaron con Liz, su madre siempre estuvo de acuerdo.

Al discutir el tema con Neil y Liz, Neil acordó que la herencia debería dividirse en partes iguales, mientras que Liz quería mantener el testamento tal como estaba. Cuando James decidió llevar el asunto a los tribunales, se supo que Liz había gastado $ 16,000 del dinero de su madre en el dentista, unas vacaciones para su familia y entradas musicales. Se había justificado a sí misma que, como era la cuidadora principal, tenía derecho a utilizar los fondos antes de tiempo, y no había considerado que el testamento sería impugnado.

El juez falló a favor de James y Neil, viendo a Liz como la "fuerza controladora" detrás del cambio de testamento, y se le ordenó a Liz que devolviera los $ 16,000. Ella todavía sostiene que desde su perspectiva no hizo nada malo y algunos podrían estar de acuerdo. James siente que no hay posibilidad de resolver la disputa ahora y se ha resignado a no tener ningún contacto con su hermana por el resto de su vida. Siente que la disputa se intensificó demasiado rápido y podría haberse evitado con un poco más de paciencia y comprensión por ambas partes.

La resolución de conflictos

Si estás experimentando dificultades y conflictos dentro de tu familia después de la pérdida de un padre, puede ayudarte a analizar por qué está sucediendo esto, desde tu propia perspectiva, la perspectiva de tu pariente y la de un observador objetivo. Recuerda que nadie puede cambiar la relación que compartiste con uno de tus padres, y los recuerdos que tiene una persona no pueden cambiarse por ninguna cantidad de discusiones que a menudo pueden surgir dentro de las familias en momentos como estos.

Los problemas familiares pueden empeorar después de una muerte. Una familia que alguna vez fue feliz puede perder la sintonía ya que todos de repente muestran un comportamiento inesperado y, a menudo, bastante inusual. Es posible que te sientas decepcionado por la falta de apoyo de las personas con las que pensabas que estabas cerca, o lo contrario; puedes sentir que todo lo que necesitas es alejarte y sientes la presión de tu familia para pasar por cosas juntos o apoyar a otra persona. cuando tú mismo te sientes débil.

Las dificultades pueden surgir en cualquier parte, desde cómo tratar las posesiones de la persona muerta (algunas personas pueden querer sacarlas de la casa de inmediato y tirarlas, mientras que otras pueden aferrarse a ellas como si no tocarlas pudiera traerlas de regreso de alguna manera, o negarlas). que algo ha cambiado). Decidir cómo seguir adelante con el funeral es un asunto tan sentimental, económico y práctico que también puede ser una fuente de conflicto.

Puedes encontrar un ejercicio guiado que te guíe a través de este proceso en "Ejercicio de resolución de conflictos familiares", en la Sección 4.

Sección 4:

Ejercicios de duelo

En momentos de duelo, cuídate y date tiempo para recuperarte. Esto está perfectamente bien y trata de no tener la tentación de apresurarte o ser demasiado duro contigo mismo por no superar los altibajos emocionales tan rápido como quisieras. Si deseas tomarte un tiempo libre en el trabajo, considere que tal vez deberías intentar hacerlo (con permiso, por supuesto). Si tienes ganas de quedarte y no hacer nada, entonces considera permitírtelo por un tiempo sin ser duro contigo mismo.

El duelo a menudo puede ser dos pasos hacia adelante, un paso hacia atrás. Agrega todos los giros y vueltas por los que tu mente puede llevarte y podría ser un baile más largo y triste, sin opción de esperar entre bastidores.

Aunque puedes mantenerte ocupado, también puedes tener cuidado de trabajar demasiado o de sumergirte en actividades que te permitan esconderte del dolor. Para recuperarte, tendrás que atravesarlo y experimentarlo eventualmente. Dicho esto, si sientes que puedes estar experimentando un dolor prolongado, entonces puede ser el momento de buscar formas de salir de él. Hay algunos ejercicios guiados en la siguiente sección que pueden ayudarte a procesar lo que sientes para seguir adelante.

Busca o acepta el apoyo que se te brinda. Compartir tus sentimientos y expresar lo que estás pasando con los demás te ayudará a procesar tu dolor. Puede ser especialmente útil hablar con otras personas que hayan pasado por la misma pérdida, ya que habrán tenido muchos sentimientos similares y comprenderán su experiencia. Es posible que puedan arrojar algo de luz sobre qué esperar a continuación o darte la reconfortante sensación de que no estás solo en tus experiencias.

Es mejor evitar tomar decisiones que alteren tu vida o cambios drásticos en tus demás relaciones, ya que es probable que cambies tu claridad de pensamiento y puedas lamentar los cambios que hagas cuando tu estado de ánimo vuelva a la normalidad más adelante.

Un día puedes pensar que todo va bien, ha salido el sol y has encontrado el camino de regreso a como solías ser. Al siguiente, puedes sentirte completamente perdido y peor que nunca. Esto realmente puede llevarte a la sensación de que no estás progresando en absoluto. Cuando no puedas ver cuánto más lejos debes ir, pregúntate cómo pasarás los momentos más sombríos y si llegarás allí.

Habiendo dicho eso, debo decirte que llegar a tu destino, donde haces las paces con tu pérdida, no se trata de "superarlo", sino más de acostumbrarte a la idea de que se han ido. El dolor seguirá ahí, pero en un lugar más manejable, y podrás controlar mejor tus emociones cuando visites los recuerdos dolorosos o felices de tu ser querido.

Han pasado ocho años desde que murió mi padre, y si pienso en él, todavía puedo sentir que fue ayer. La conmoción de la pérdida crea un estado mental que siempre será fácil de recordar y algo que nunca te dejará. Pero personalmente, me alegro por eso, porque es parte de mi relación continua con él.

Desafortunadamente, no es posible decir cuánto durará el viaje, porque cada persona y cada circunstancia son diferentes, pero hay ciertas etapas por las que pasa la mayoría de las personas en los años posteriores a una pérdida significativa. Armarse con el conocimiento sobre cuáles son estas etapas realmente puede ayudarte a identificarlas en ti mismo y a darte cuenta de que, aunque lo que estás experimentando no se siente como un progreso, te estás recuperando y quizás acabas de pasar a una nueva etapa.

Actividades guiadas para facilitar la curación

Estos ejercicios guiados han sido elegidos cuidadosamente por consejeros profesionales, académicos y profesionales de la salud mental para ayudarlo a procesar y progresar a través de su pérdida de la manera más saludable posible. Esta parte del libro es interactiva, por lo que, si estás usando una Tablet con pantalla táctil, simplemente puedes tocar y mantener presionado cada ejercicio. En la mayoría de los dispositivos, aparecerá un icono de búsqueda y, una vez que haya quitado el dedo, se le dará una lista de opciones. Seleccionar "nota" o "notas" te permitirá agregar texto, que luego se puede guardar, por lo que no es necesario utilizar papel, a menos que lo prefieras.

Una carta a tus padres

Escribir una carta de despedida es muy personal y puede permitirte sentir que estás hablando directamente con tu ser querido perdido sobre cómo te sientes, cómo te ha impactado y cualquier cosa que sea importante.

Puse una carta en el ataúd de mi papá para que la tuviera con él, y hablé de todas las lecciones que me había enseñado en la vida, cómo lo extrañaría y cómo se sentía ahora que se había ido. Puede sonar tonto o espeluznante, pero de vez en cuando todavía le escribo un correo electrónico, porque como Internet es algo que no se puede ver ni sentir, parece que todavía hay una conexión directa allí.

Todos somos diferentes y se trata de encontrar una forma que funcione bien para ti. Puedes guardar la carta, ponerla en una caja de recuerdos, enviarla por correo, dejarla en un cementerio, o meterla en una botella y tirarla al mar o al lago. Habla con el corazón y directamente a tus padres, como si lo estuvieran leyendo.

Aunque este es un ejercicio muy personal, si te quedas atascado o no sabes por dónde empezar, hay algunas ideas sobre lo que podrías escribir a continuación.

- Me despido porque ...

- Decir adiós me hace sentir ...

- Recuerdo cuando nosotros ...

- Tú me enseñaste…

- Algo que quiero que sepas es …

- Siempre recordaré…

Explorando recuerdos

Otro ejercicio de escritura consiste en explorar los recuerdos de un padre perdido. Esto puede ayudar no solo a mantener viva su memoria, sino que también puede ayudarte a comenzar a procesar tus emociones. Sin embargo, este ejercicio puede resultar muy doloroso.

Hay algunas ideas sobre los tipos de recuerdos que podrías explorar, si necesitas ayuda.

- Mi primer recuerdo de ti es ...

- Mi recuerdo más feliz de ti es ...

- Mi recuerdo más divertido de ti es ...

- Nuestra mejor conversación fue ...

- Lo más importante que me enseñaste es ...

- Nunca olvidaré el día ...

- Estoy agradecido porque ...

Lo que mis padres querrían para mí

Este tercer ejercicio de escritura es adecuado para personas que han estado sufriendo durante algún tiempo y tienen dificultades para reconstruir sus vidas.

El objetivo del ejercicio es concentrarse en lo que tus padres hubieran querido para ti y lo que podrían decirte si pudieran ver cómo te sientes y lo que estás experimentando ahora.

Considera cada una de las siguientes preguntas por turno:

- Si mis padres pudieran ver cómo me siento, dirían ...

- ¿Querrían mis padres que me sintiera así?

- ¿Cómo querrían que me sintiera?

- Si mis padres pudieran ver cómo su muerte afectó mi vida, me dirían ...

- ¿Mi padre querría que mi vida se hubiera visto afectada por su muerte de esta manera?

- ¿Cómo querrían que viviera mi vida?

- Mi padre quería que hiciera las siguientes cosas durante mi vida:

- Mi padre quería que fuera las siguientes cosas durante mi vida:

- Mi padre quería que tuviera las siguientes cosas durante mi vida:

Creación de un libro o caja de recuerdos

Crear un libro de recuerdos lleno de recuerdos puede ayudarte a sentir que mantienes viva la historia de tus padres. Esto puede ser tan simple como un sobre o tan elaborado como un hermoso álbum de recortes, un álbum de fotos o una caja de recuerdos. Nuevamente, se trata de lo que te hace sentir mejor.

Pasos:

1. En primer lugar, decide si se trata de una actividad grupal, familiar o privada.

2. Mira qué recuerdos tienes. Si estás clasificando toda una casa de posesiones, tendrás muchas opciones sobre qué conservar y qué tirar o regalar. Mientras que, si tienes menos artículos o algunas fotografías, es posible que te enfrentes a menos decisiones sobre qué incluir.

Mi papá guardaba un volumen tan grande de recuerdos sentimentales, ¡que la casa estaba llena! Inevitablemente tuvimos que regalar, deshacernos o vender la gran mayoría de sus posesiones y recuerdos. Tirar tantos artículos sentimentales a la basura nos conmovió a mi hermano, a mi hermana ya mí. Como si estuviéramos haciendo algo mal o frío. Crear una caja de recuerdos para guardar algunos momentos clave de su vida ayudó no solo a mantener vivo su recuerdo para mí, sino que también ayudó a disminuir la culpa y me permitió soltar más de sus pertenencias.

3. Decide cómo quieres conservar tus recuerdos y cómo quieres decorarlos o adornarlos. Al buscar en Pinterest "cajas de recuerdos de duelo" o "álbum de recortes de duelo" (como dos ejemplos), se obtienen algunos ejemplos realmente conmovedores de lo creativo que puede ser con esto si lo desea. Algunas ideas incluyen no solo cajas y álbumes de recortes, sino frascos, botellas o incluso pequeñas maletas.

4. Compra los suministros que necesites, como pintura, pegamento o una bonita caja, y comienza. Piensa en etiquetar las fotografías antiguas y escribir los recuerdos asociados con cada uno de tus recuerdos elegidos. Agrega

emoción al poner tus recuerdos juntos en un lugar que tenga un significado especial para ti y tus padres, e incluso puede que te guste tocar música que te traiga un recuerdo especial mientras lo haces. Si ya le escribiste una carta a tus padres, puedes incluirla en tu lugar de recuerdo.

Colección benéfica

Si tu padre murió a causa de una enfermedad, o una causa en particular y estaba cerca de su corazón, hacer algo para una organización benéfica que coincida con estas causas y valores, ya sea solo, en familia o en grupo, puede ser una manera hermosa de honrarlos y retribuir. al mundo.

Puedes decidir involucrarte en obras de caridad tanto o tan poco como desees, desde una donación hasta una colección, una venta de pasteles, una carrera patrocinada, un maratón o cualquier cantidad de desafíos. Piensa en lo que se adapta a tu situación y si es adecuado para ti y su familia.

Agradeciendo al personal de cuidado

Es probable, a menos que tu padre muriera inesperadamente, que los profesionales de la salud cuidaran a tu padre antes de su partida. Dar las gracias al personal del hospital, de la sala o de atención que recibió, en persona o con una tarjeta, flores, donación o pequeño obsequio, puede ayudar a retribuir a los demás y, posteriormente, ayudarte con tu propio dolor y emociones difíciles.

Ejercicio de resolución de conflictos familiares

El siguiente ejercicio es ligeramente diferente y no será relevante para todos, ya que está dirigido específicamente a familias que están experimentando conflictos como resultado directo del fallecimiento de sus padres.

Si eres la persona de tu familia que puede empatizar bien con los demás y aprender sobre las emociones y otros aspectos de la psicología (como imagino que puedes ser, porque estás leyendo este libro), entonces puedes comenzar a ayudar a curar las heridas de tu familia. Ten en cuenta que es posible que no te lo agradezcan. ¡Trata con cuidado! El objetivo es obtener una comprensión real del problema en cuestión, antes de comenzar a resolverlo, para que puedas hablar con tu familia en conflicto, de manera calmada y objetiva también a través del ejercicio.

Cómo comprender y llegar al meollo del conflicto

Este ejercicio es para familias que están pasando por un conflicto. Usa tu discreción para decidir si este es un ejercicio que mejor puede hacer tú mismo con anticipación, o si debes reunir a toda la familia para intentarlo al mismo tiempo.

Para guiarte, voy a usar un ejemplo de dos personas que discuten sobre quién debería dar una lectura en el funeral de su padre perdido. Aunque este es un pequeño ejemplo, puede darte una idea de cómo pensar.

Tu tía piensa que debería leer el poema favorito de tus padres. A tu *hermano* le gustaría ponerse de pie y dar un discurso sobre los recuerdos favoritos de tus padres.

Obstáculos personales
La primera etapa es pensar en el punto de vista de cada persona. En este caso, tu tía siente que debido a que siempre estuvo muy cerca de tu padre, debería ser ella quien le dé una lectura. Su razón principal fue una conversación que tuvo

cuando tu padre le pidió un poema en particular como parte de su funeral, y tu tía lo ve como parte de sus últimos deseos.

Tu hermano siente que tiene una relación especial con tu padre, a quien ve como su familiar más cercano. Se siente como si lo hubieran ignorado y callado dentro de la familia, pero que tu padre siempre lo defendió, creyó en él y lo elogió cuando otras personas no lo hicieron.

Piensa que el discurso conmemorativo debe ser pronunciado por él mismo, como uno de los niños, y no por la hermana de sus padres.

El resto de la familia, excepto tus abuelos, piensan que tu hermano debería dar el discurso e incorporar el poema como un compromiso, pero no quieren involucrarse, por si empeoran la situación. Tus abuelos son las únicas personas que hablan, favoreciendo a tu tía que pronuncie el discurso, porque es la hermana mayor.

Piensa en tu propia situación familiar y completa los siguientes ejercicios:

Escribe las razones personales de la primera persona para querer lo que quiere, seguido de la segunda persona. En tercer lugar, ¿cómo vería la situación un observador externo?

Obstáculos en las relaciones

Lo siguiente es pensar en la relación entre las dos personas que están discutiendo. ¿Las dinámicas pasadas entre los dos oponentes están contribuyendo ahora a la lucha?

Obstáculos familiares

¿Hay algún obstáculo familiar que esté creando problemas? En nuestro ejemplo, los abuelos prefieren que su propio hijo mayor pronuncie el discurso, porque es la solución más fácil y obvia para ellos. No están tan interesados en el lado emocional de las familias y están más interesados en las formalidades.

Esto sirve muy bien a los deseos de tu tía, ya que se siente respaldada y en una posición sólida. Tu hermano, por otro lado, siente que no puede hablar sobre sus propios deseos por temor a hacer tambalear el barco o ser visto como egoísta. Teme ser atacado verbalmente o reprendido si vuelve a sacar el tema. Su esposa lo está presionando para que se escuche su voz.

Objetivamente, podemos ver que tanto tu tía como tu hermano tienen necesidades emocionales que quieren expresar. No es agradable que tu hermano se sienta demasiado victimizado o presionado, y no es muy comprensivo que tu tía se burle de los sentimientos de tu hermano como si no importaran.

¿Qué dinámicas familiares están sucediendo en tu familia? ¿Están relacionados con eventos o conflictos históricos subyacentes?

Objetivamente, ¿qué dinámicas familiares son amables, consideradas y positivas?

¿Existe alguna dinámica familiar que pueda considerarse la corrección de agravios pasados?

¿Existe alguna dinámica familiar que NO sea empática, rencorosa, malévola, orientada al control o cruel?

Cuestiones prácticas

Por último, ¿hay cuestiones prácticas, financieras o pragmáticas que se sumen a este conflicto? Por ejemplo, clasificar las posesiones, ejecutar el testamento, organizar o pagar el funeral, ponerse en contacto con las empresas de seguros, vender activos, ya te haces una idea.

Consideraciones prácticas que afectan a la persona 1:

Consideraciones prácticas que afectan a la persona 2:

Visión objetiva de consideraciones prácticas:

Compromiso

Ahora es el momento de comprometerse y pensar en las opciones. ¿Qué considerarían las personas 1 y 2 como compromisos justos, y qué consideraría justo un forastero objetivo?

En nuestro caso, tu tía piensa que un buen compromiso sería leer el poema en la iglesia junto a tu hermano. Alternativamente, ella acepta que tu hermano pueda leer su discurso y decir una oración junto a la tumba durante el entierro.

Tu hermano también piensa que un buen compromiso sería una lectura conjunta del poema durante el funeral, con discursos personales adicionales durante tal.

Considera algunos compromisos para tu situación familiar, tratando de incorporar las necesidades emocionales de cada persona. Está preparado para trabajar en este ejercicio más de una vez antes de llegar a un lugar que se adapte a ambas partes.

Ejercicios de felicidad

Si has estado sufriendo por algún tiempo y luchando por volver a ser feliz, puedes pensar que es hora de que te vuelva más feliz. La buena noticia es que existen ejercicios respaldados científicamente que puedes hacer para mejorar cómo te sientes en general. Estos no están relacionados específicamente con el duelo, y cualquier persona puede realizarlos en cualquier momento para mejorar el estado de ánimo y la perspectiva de la vida.

Para cualquiera que esté interesado en aprender más, lo insto a que visite **happify.com** para leer sobre este campo y participar en su propia carpeta de ejercicios interactiva y personalizada, que puede e incluso compartir con la comunidad en línea allí. Aquí comparto una pequeña cantidad de información sobre la ciencia de la felicidad y un ejercicio probado y altamente efectivo.

Los científicos ahora saben mucho sobre qué es la felicidad y qué nos hace felices. Para una persona promedio, la felicidad se debe aproximadamente al 50% a nuestros genes (lo saben debido a estudios que involucran a gemelos idénticos separados al nacer), y el 40% se debe a nuestros pensamientos, acciones y comportamientos. El 10% final está determinado por nuestras circunstancias. Nuestras reacciones biológicas, nuestros pensamientos, acciones y comportamientos, y nuestras circunstancias pueden cambiar con los principales eventos de la vida, tanto positivos como negativos.

Es posible que no hayamos tenido control sobre algunos eventos importantes de la vida (como la muerte, el divorcio o ganar la lotería) y es posible que se haya trabajado en algunos eventos (como promociones, matrimonios o la compra de la casa de sus sueños).

Con el tiempo, después de eventos importantes y/o cambios de circunstancias, los sistemas biológicos generalmente se adaptarán al funcionamiento normal, nos adaptamos a nuestras circunstancias y nuestros pensamientos y comportamientos a menudo volverán a nuestros hábitos habituales.

De esta manera, los niveles de felicidad vuelven a los niveles de referencia con el tiempo. Este cambio en los niveles de felicidad que sigue a los acontecimientos importantes de la vida se conoce como adaptación hedónica y permite que tu cuerpo encuentre y mantenga el equilibrio. Es lo mismo después de eventos importantes tanto positivos como negativos.

Para muchos eventos de la vida, la ciencia de la felicidad muestra que nuestra capacidad para juzgar cómo los eventos de la vida afectarán nuestra felicidad es pobre. Por ejemplo, si comparamos dos grupos de personas, uno de los cuales ha ganado inesperadamente millones en una lotería, mientras que el otro ha sufrido una lesión catastrófica en la columna vertebral, es de esperar que los ganadores de la lotería tengan un nivel de felicidad elevado seis meses después de la ganar, y los parapléjicos serían sustancialmente menos felices.

Estarías equivocado. Es al revés, las personas que quedaron parapléjicas son casi tan felices como lo estaban antes de su accidente, y los ganadores de la lotería no son ni de lejos tan felices. Inesperado, ¿no?

Los ganadores de la lotería se sienten eufóricos, aturdidos y con un mundo de posibilidades por delante. Después de un tiempo, con una abundancia de riqueza para utilizar, se dan cuenta de que ahora están fuera de contexto con sus amigos, familias y comunidades, tal vez incluso sintiendo que ya no pueden relacionarse con él, o que el dinero se ha interpuesto entre ellos.

Tienen que reajustar sus aspiraciones, tal vez incluso descartando lo que consideraban un "buen trabajo", habiendo trabajado durante muchos años hacia metas económicas o de vida, lo que puede parecer una pérdida de tiempo. Necesitan nuevas metas.

Después de seis meses, todavía están trabajando en el período de ajuste psicológico. Los parapléjicos, por otro lado, están sumidos en la conmoción por lo que han perdido de inmediato en el momento del evento. Seis meses después, han avanzado más en términos de ajustar sus aspiraciones y, en general, están recibiendo mucho apoyo de familiares, amigos y su comunidad.

El duelo es un proceso complejo y también un acontecimiento importante en la vida. En mi caso, me tomó al menos dos años antes de que pudiera aceptar lo que había sucedido. Esto puede parecer mucho tiempo, pero si observa el panorama general, para la gran mayoría de las personas no dura para siempre, aunque parezca que lo hará. Para casi todos, saldrá el sol, los pájaros cantarán y la mayoría de la gente volverá a ser positiva.

Si te encuentras luchando por volver a ser feliz y sientes que has estado sufriendo el duelo durante el tiempo suficiente, es posible que desees considerar la ciencia de la felicidad para ayudarte a regresar a los niveles iniciales o superiores.

Los científicos han realizado una gran cantidad de investigaciones para determinar qué factores afectan el sentido de felicidad de una persona, y la parte controlable, como la forma en que pensamos, actuar y comportarnos, puede verse influenciada por cosas sorprendentemente específicas, tanto habilidades practicables como elementos controlables dentro de nuestras vidas.

Hay cinco habilidades generalizadas que se ha descubierto que aumentan los niveles de felicidad. Estos son: saborear experiencias, practicar la gratitud, aspirar a una meta, dar generosamente o ayudar a los demás y sentir empatía por los demás. Diferentes habilidades funcionan mejor para diferentes personas, pero se ha descubierto que los ejercicios específicos producen los mayores aumentos en los niveles de felicidad.

También se ha demostrado que ciertas partes de nuestras vidas aumentan nuestro sentido de bienestar, todo lo cual implica un sentido de conexión con los demás: familia y amigos, comunidad, trabajo y tener fe en algo más grande que uno mismo. La incorporación de las habilidades clave de la felicidad en estos diversos aspectos de nuestra vida puede producir un impulso significativo en lo felices que nos sentimos en nuestras vidas.

Las habilidades para dar, ayudar y empatizar se pueden aplicar a la familia y los amigos, el trabajo y la comunidad en la que vives. A su vez, esto hace que tu vida sea más positiva.

La felicidad de tu trabajo proviene de sentir que estás contribuyendo con algo de valor para ti y para los demás. También proviene de sentir que su vida y su trabajo son su "propia empresa" o bajo su propio control para construir como te gustaría - otra razón por la que el dolor nos golpea tanto - elimina nuestro sentido de ser para controlar nuestro destino y nos recuerda lo vulnerables que somos.

Los estudios han demostrado que estar agradecido con frecuencia tiene un efecto significativo en nuestra felicidad y bienestar.

Un estudio encontró que enumerar las 3 mejores cosas que suceden cada día durante solo dos semanas aumenta significativamente los niveles de felicidad y optimismo incluso seis meses después y es mejor para su felicidad que irse de vacaciones.

Una tarea inmediata que puedes hacer ahora es establecer un recordatorio todos los días, tal vez al final de tu día de trabajo, antes de irte a la cama o a la hora de la cena si deseas compartir con tu familia, recordándole que enumere sus 3 cosas favoritas. del día.

Si deseas aumentar la potencia del ejercicio, es posible que quieras probar un sistema "doble", como el que yo utilizo a diario. Cada mañana, escribo las tres mejores cosas del día anterior en una pizarra blanca en mi cocina. La pizarra está dividida en cuatro cuadrados, cada uno con su propia lista de tres cosas de días anteriores. Antes de borrar una lista vieja para escribir una nueva, selecciono el día que menos me gusta de los cuatro y vuelvo a escribir las tres cosas que estoy a punto de borrar en un pequeño cuaderno que puedo guardar para siempre. De esa manera, mis días favoritos de las últimas semanas están ahí para que los vuelva a visitar todas las mañanas y mis mejores momentos se cimenten de forma segura en la vanguardia de mi mente.

Puedes encontrar que hacer esto en familia tiene un efecto maravilloso en todos. Cada vez que alguien se sienta bajo puede volver a leer las listas en su libro.

Llevar un diario en general tiene un efecto beneficioso similar, pero la tarea de las "3 mejores cosas" fomenta el optimismo, mientras que llevar un diario le permite explorar y trabajar con sus emociones. Esto puede ser muy útil, pero puede que no lo sea si estás sufriendo un duelo complicado y estás repitiendo tus sentimientos en lugar de procesarlos y seguir adelante.

3 cosas favoritas del día:

1._____

2._____

3._____

1 cosa por la que estoy agradecido:

Actos aleatorios de amabilidad

Otro ejercicio muy eficaz son los actos de bondad al azar. Hacer cosas buenas por los demás aumenta los niveles de felicidad como prácticamente ninguna otra cosa. Puedes visitar watsi.org para contribuir directamente al tratamiento médico de alguien, comenzar una estantería de intercambio de libros gratis, donar ropa vieja y posesiones a la caridad o ayudar a alguien a llevar una bolsa pesada cuando tenga la oportunidad de ayudar.

Escribe un plan para 3 actos de bondad y mira si puedes seguirlos con actos aleatorios y no planificados, cuando veas una oportunidad.

1._____

2._____

3._____

Grupos de apoyo para el sufrimiento y servicios de asesoramiento

Si te sientes incapaz de sobrellevar la situación, no estás avanzando como deberías o si simplemente deseas hablar con alguien sobre cómo te sientes, los grupos de apoyo para el duelo y los consejos pueden ser una excelente manera de asegurarte de que el duelo desaparezca trabajado de manera saludable y para ayudar a prevenir el duelo prolongado o perpetuo. A continuación, se enumeran algunos:

soulcareproject.org/

1. Servicio con base en los EE. UU. Con información sobre el duelo, así como charlas con un consejero por teléfono, correo electrónico o incluso videollamada.

https://www.griefshare.org/

2. Miles de grupos de reunión en todo el mundo, pero principalmente en los EE. UU. Y Canadá, que se reúnen semanalmente. Puede buscar

directamente su grupo más cercano utilizando su ciudad o código postal.

http://www.onlinegriefsupport.com/

3. Una comunidad en línea donde las personas comparten sus sentimientos y experiencias de duelo.

☐☐**http://www.cruse.org.uk/**

4. Servicio de atención al duelo con base en el Reino Unido, con grupos de reuniones en persona y línea telefónica de ayuda.

Puedes encontrar muchos más servicios simplemente buscando en Google "apoyo para el duelo". Muchos de los resultados de búsqueda que se devuelven serán locales en tu área, porque Google busca en Internet según su ubicación. Por lo tanto, si no encuentra lo que busca en los enlaces anteriores, intente esto.

Palabra final

El duelo se presenta de muchas formas y formas, y no tiene una duración definida. La tristeza que acompaña al duelo a menudo puede parecerse a la depresión. Sin embargo, este dolor suele ser una respuesta normal a la pérdida de alguien importante. Cuando uno de los padres muere, puede parecer que ha muerto parte de tu identidad: una persona que te ayudó a convertirte en ti.

La muerte puede poner fin a la vida, pero la forma en que ve la relación con tus padres puede evolucionar.

Si bien no es posible comprender sus circunstancias exactas, o incluso comenzar a predecir la complicada red de recuerdos y sentimientos que suscita la pérdida de un padre, no crea que lo que está pasando va a durar para siempre.

La mayoría de las personas llegan a un momento en el que miran hacia el futuro con optimismo. Me tomó mucho tiempo llegar a este punto, pero habiéndolo alcanzado puedo decir honestamente que puedo pensar en mi papá y solo sonreír. Espero que también encuentres este lugar y que lleves contigo recuerdos positivos de tus padres hacia un nuevo y brillante futuro.

Bibliografía

1. Research on Bereavement after Caregiving accessed on PubMed 2016:
   https://www.ncbi.nlm.nih.gov/pmc/articles/PMC2790185/
2. Impact of Grief on the Family System, accessed on Wiley 2016:
   http://onlinelibrary.wiley.com/doi/10.1046/j..1983.00623.x/pdf
3. The Science of Happiness, accessed on happify.com 2016:
   http://www.happify.com/public/science-of-happiness/
4. Conflict Resolution: Changing Perspectives, accessed on Psychology Today 2016:
   https://www.psychologytoday.com/blog/turning-point/201506/3-steps-resolving-conflict-within-your-family

SOBRE EL AUTOR

De acuerdo, el secreto ha salido a la luz... La autora más vendida de Amazon, 'Theresa Jackson', es un seudónimo. La identidad alternativa de un escritor de no ficción popular. Disfruta de la libertad de explorar temas delicados como la familia, el sexo, el dolor y las relaciones, sin el riesgo de alienar a sus seres más cercanos y queridos. ¿No desearías poder decir lo que realmente piensas? Únete a 'Theresa' y déjalo salir. Súbete al tren de carga de exploración y obtén una mayor comprensión de ti mismo y de los demás.

LIBROS DE THERESA JACKSON

Cómo tratar con un narcisista (extracto a continuación)

Pérdida de un padre: el dolor de los adultos cuando los padres mueren

Extracto de:

CÓMO TRATAR CON UN NARCISISTA

Comprender y lidiar con una variedad de
personalidades narcisistas

La investigación de este libro ha revelado cuánta desinformación abunda sobre el narcisismo entre la información de investigación informal y la experta. El tema es un hervidero de ideas disparejas y simplificadas; con un sentido contradictorio de lo que es la autoevaluación "saludable" y lo que "no es".

*Gran parte de la retórica equivocada publicada en línea adopta un enfoque en blanco y negro, como si el narcisismo fuera una "etiqueta" pura y directa en lugar de una variedad de reacciones y comportamientos saludables y no saludables, desencadenados en el **98% de las personas** (incluido usted, es muy probable). Estos comportamientos están presentes en diferentes intensidades, durante diferentes períodos de tiempo. Las reacciones dependen no solo de procesos de pensamiento subyacentes y aparentemente permanentes, sino de lo que está sucediendo en la vida,* *ahora mismo (y recientemente), que podría estar agravando los problemas de autoestima generalmente latentes.*

El narcisismo existe en un espectro que va desde niveles bajos a altos. Algo de narcisismo es saludable y es parte de nuestras respuestas normales al tener nuestro ego amenazado, lo que permisible.

Mantener nuestro sentido de identidad sin sufrir una vergüenza aplastante y una sensación de derrota. En la parte superior de la escala se encuentra el trastorno de personalidad conocido como trastorno de personalidad narcisista (TPN) caracterizado por un sentido altivo de superioridad, un sentido inflado de importancia y una profunda necesidad de admiración.

Este libro adopta un enfoque más matizado de la escala narcisista. No hablaremos simplemente de cómo tratar con aquellos que son diagnosticables con TPN, sino también sobre la mayoría de las personas narcisistas que encajan más abajo y son identificables para la mayoría de las personas. Intentaremos descifrar cuán narcisista es la persona con la que está tratando, le daremos una mejor comprensión de sus pensamientos, sentimientos y motivaciones, y le ayudaremos a determinar si debe eliminarlos de su vida o "manejarlos" en mayor o menor medida.

En algunos casos, es posible que descubra que sería mejor para su bienestar continuar una relación más limitada con ellos. Si separarse de una madre narcisista, por ejemplo, es una decisión muy importante que le afectará por el resto de su vida, mientras que separarse de un amigo tendrá un impacto menor en su vida a largo plazo. Es posible que tenga una pareja narcisista que no se pueda diagnosticar con TPN (por ejemplo, que no esté abrumado por respuestas narcisistas, la mayor parte del tiempo, ni que se ajuste a la mayoría de los criterios de diagnóstico), pero que muestra frecuentes conductas narcisistas dañinas que han afectado gravemente su "sentido" de seguridad" y confianza en su relación.

Aquí compartiré ejemplos de aquellos que han encontrado satisfacción manejando y reestructurando el paradigma de sus relaciones con personas narcisistas que no son abusivas. Tenemos estudios de casos de otras personas que se han encontrado contemplando la decisión de separarse de sus familiares, socios y amigos narcisistas, y cuál fue el resultado para ellos.

Sentirse enojado, humillado o querer ayudar o cambiar a las personas narcisistas es algo natural. Esto puede ser increíblemente difícil de aceptar. Este libro se centra *únicamente en lo que puede hacer por sí mismo, incluido el manejo de los límites de su relación y afirmarse como una persona independiente por derecho propio. Si está interesado en ayudar, cambiar o incluso si se siente vengativo con un narcisista, le insto a que proceda con precaución.*

SIGUE MI TRABAJO

Si desea recibir noticias sobre lanzamientos de libros, obsequios y ofertas especiales, puede seguir mi trabajo en Goodreads, Amazon y Facebook, o enviarme un correo electrónico a theresa.jackson.books@gmail.com y lo agregaré a mi lista de lectores.

¡Gracias por su apoyo!

Dejar un comentario…

Si disfrutó de este libro, lo encontró útil o de cualquier otra manera, le agradecería mucho que publicara una breve reseña en Goodreads, Amazon o donde haya comprado el libro. Leo todas las reseñas personalmente para poder escribir continuamente lo que la gente quiere.

.

Made in the USA
Coppell, TX
14 January 2023

10995698R00079